KB028119

Gaslighting

가스라이팅

Gaslighting

가스라이팅

당신을
심리적으로 지배하고
조종하는 사람에게서
벗어나는 방법

스테파니 몰턴 사키스 지음

이진 옮김

수오서재

가스라이팅으로 고통받는 모든 이들이
빛과 희망을 찾고 치유되기를 바라며

차례

서문 그들은 어디에나 있다 • 9

1 _____ 내가 이상한가, 아니면 그가 날 이상한 사람으로 만드는 것인가?

가스라이터의 초상 • 25

2 _____ 매혹적인 첫 만남에서부터 처절한 헤어짐까지

연인 사이에서 일어나는 가스라이팅 • 53

3 _____ 기억하라, 그것은 사랑이 아니다

가스라이터를 피하는 방법 • 81

4 _____ 방해하고 괴롭히고 실적을 가로채는 사람들

직장 내 가스라이팅 • 109

5 _____ 학대적인 관계에서 벗어나라

성적 괴롭힘, 데이트폭력, 가정폭력 • 129

6 _____ 권력에 미치다

정치, 사회, 소셜 미디어의 가스라이팅 • 153

7 —— 커튼 뒤의 그림자

폐쇄 집단, 과격 단체, 사이비 종교의 가스라이팅 • 183

8 —— 당신의 신경을 박박 긁는 사람들

가족 안에서의 가스라이팅 • 207

9 —— 적인가 친구인가?

친구의 가스라이팅 • 249

10 —— 나는 어떠한가?

내 안에 존재하는 가스라이터 • 273

11 —— 당신 스스로를 도와라

벗어나고 극복하고 치유하는 방법들 • 297

옮긴이의 글 닫힌 방문을 열며 • 329

참고문헌 • 332

그들은 어디에나 있다

당신은 가스라이터를 알고 있다. 그는 재치 있고 자신감 넘치지만 지나치게 당신을 통제하려 드는 매혹적인 썸남, 혹은 썸녀다. 직장에서 매번 당신의 실적을 가로채는 팀의 동료이고, 왜 자기 집 앞에 쓰레기를 버리느냐며 당신에게 욕을 하는 이웃집 사람이며, 자신의 실수를 절대 인정하지 않는 정치인이고, 전부 다 당신이 자초한 일이라며 당신을 괴롭히는 바로 그 사람이다.

가스라이터들은 통제와 조종에 뛰어나고 당신의 현실 감각에 의문을 제기한다. 그들은 어디에나 있다. 정치인, 유명인, 상사, 형제나 부모, 친구, 동료, 연인이나 배우자, 그들 모두가 당신을 가스라이팅할 수 있는 위치에 있다.

가스라이터들은 우리가 미쳤다고, 우리가 그들을 괴롭힌다고, 우리에게 너무 문제가 많아서 아무도 좋아하지 않는 거라고, 형편없는 사원인 우리가 아직 해고되지 않은 건 하늘이 도와서라고, 우리는 자격 미달 부모이고 아이를 갖지 말았어야 했다고, 도대체 세상 사는 법을 모른다고, 다른 사람들에게 짐이 될 뿐이라고 믿게 만든다. 그들은 해롭다.

2016년 미국 대선 당시 '대안적 사실Alternative Facts*'과 '가짜 뉴스'에 관한 논란과 함께 가스라이팅gaslighting이라는 용어가 갑자기 부상했다. 그러나 가스라이팅에 관한 깊이 있는 연구는 아직 이루어지지 않았다. 미국 정신의학회의 '정신 질환 진단 및 통계 편람Diagnostic and Statistical Manual of Mental Disorders, DSM'에는 가스라이팅이 포함되어 있지 않다. 가스라이팅은 자기애적 성격 장애를 포함한 여타 성격 장애와 유사하다. 하지만 심리 치료사로 일하면서 나는 가스라이터들이 보이는 독특한 행동들을 알게 되었다. 그렇다면 우리가 그들을 식별할 수 있다는 뜻이다. 어떤 가스라이터는 알아보기 쉽지만 또 어떤 가스라이터들은 레이더망을 피해 낮게 비행한다. 그들은 조종에 능하다. 따라서 우리는 그들을 알아볼 수 있어야 하고, 피할 수 있어야 하며, 그들과 엮였을 때 대처할 수 있어야 한다.

---

*   '실제로 있는, 입증할 수 있는, 거짓이 아닌 사실'을 뜻하는 단어fact와 대안·대체를 의미하는 단어alternative를 합친 조어로, 2017년 1월 도널드 트럼프 미국 새 행정부와 미국 언론이 취임식 인파를 두고 설전을 벌이는 가운데 등장한 신조어.

가스라이팅의 어원

가스라이팅은 정확히 어떤 의미이며 어디서 유래되었을까? 심리적 지배와 조종의 의미를 지닌 가스라이트^{gaslight}라는 용어는 2004년 12월 〈옥스퍼드 영어사전〉에 처음 등재되었다. 그러나 이 단어와 단어의 변형이 문서에서 사용된 것은 1952년으로 거슬러 올라간다.(Yagoda 2017) 실제로 그 용어가 만들어진 것은 영국 극작가 패트릭 해밀턴이 1938년에 제작한 연극 〈가스등$^{Gas Light}$〉에서였으며, 1944년 조지 쿠커가 감독하고 잉그리드 버그먼과 샤를 부아예가 주연한 영화 〈가스등^{Gaslight}〉을 통해 대중에게 처음 알려졌다. 영화 속에서 폴라의 남편 그레고리는 폴라 자신이 미쳐가고 있다고 믿게 만든다. 폴라는 중요한 물건들을 잃어버리고 환청을 듣고 환상을 본다. 그레고리가 깜빡이지 않는다고 말하는 가스등이 폴라에게는 깜빡거리는 것처럼 보인다. 그러나 그 모든 것이 폴라를 가스라이팅하기 위한 그레고리의 설정이었음이 밝혀진다. 아직 영화를 보지 않았다면 나머지 내용은 직접 확인해 보시기를.

가스라이터는 당신이 한 말로 당신을 공격하고, 계략을 짜고, 대놓고 거짓말을 하고, 당신의 욕구를 부정하고, 과도한 권력을 휘두르고, 당신에게 '대안적 사실'을 주입하고, 가족과 친구들이 당신에게 등을 돌리게 만든다. 단지 당신이 괴로워하는 것을 지켜보고 자신의 권력을 강화하고 당신이 그에게 더 의존하게 만들기 위해서.

재미있는 사실은 가스라이팅이 성별에 상관없이 고르게 분포한다는 점이다. 아마도 여러분은 남성 가스라이터에 관한 이야기를 더 많이 들었을 것이다. 여성 가스라이터의 행동은 종종 덜 심각하게 받아들여지기 때문이다. 이 책에서는 가스라이터를 지칭할 때 인칭대명사 '그' 혹은 '그들'을 사용할 것이다.

가스라이터에게 조종은 삶의 방식이다. 물론 조종은 그 자체만으로 나쁜 것이 아니다. 조종의 기술을 긍정적인 방향으로 사용하는 사람들은 늘 있어왔고, 그들은 다른 이에게 좋은 영향을 미친다.(Cialdini 2009) 예를 들면, 우리는 누군가에게 영향받고 조종당해서 대의를 위해 일하기도 하고 스스로를 더 잘 돌보게 되기도 한다. 그것을 설득이라고 부를 수도 있겠지만 그 경계를 구분하기는 쉽지 않다. 그러나 가스라이터는 다른 사람에 대한 통제권을 확보하기 위해 조종의 기술을 사용한다. 이런 종류의 영향력에는 보다 높은 이상 따위는 없다.

조종은 대체로 서서히 은연중에 일어나고, "앗!"하는 순간이 닥칠 때까지, 가족이나 친구가 당신에게 따지러 오거나 가스라이터의 농간으로 당신이 직장에서 해고될 때까지, 피해의 심각성을 인지조차 하지 못할 수도 있다. 가스라이터의 목표는 당신이 중심을 잃고 비틀거리게 만들고 당신의 현실 감각에 의심을 품게 만드는 것이다. 현실을 '올바르게' 인식하기 위해 그에게 의존할수록 그는 당신을 더 많이 통제할 수 있다. 이러한 권력과 통제야말로 가스라이터들이 가장 갈망하는 것이다.

앞서 언급했듯이 가스라이팅은 다른 성격 장애와 유사한 특징을 지닌다. 가스라이팅을 하는 사람 중에는 미국 정신의학회의 '정신 질환 진단 및 통계 편람'에서 지정한 B군 성격 장애의 특성들을 보이는 경우가 있다. B군 성격 장애에는 다음과 같은 것들이 있다.

- 연극성 성격 장애
- 자기애적 성격 장애
- 반사회적 성격 장애
- 경계성 성격 장애

B군 성격 장애에는 충동성이라는 공통적 특징이 있다. 성격 장애는 한 사람의 행동에 깊이 각인되어 있어서 다루기가 여간 어렵지 않다. 성격 장애를 지니고 있는 사람은 '자아 동조적' 성향도 보인다. 그들은 자신을 제외한 모든 사람들이 미쳤거나 문제가 있다고 믿는다. 가스라이터와 비슷하지 않은가? 고도로 숙련된 심리 치료사들조차도 성격 장애를 치료하기란 쉽지 않다. 오랜 가스라이팅 전력이 있는 사람을 돕는다는 건 결코 쉬운 일

이 아니다. 대부분 그들에게서 최대한 거리를 두는 게 최선이다. 그게 불가능하다면 확실한 경계를 설정하고 그들과 얽히지 않는 게 차선이다. 이 책에서 우리는 다양한 유형의 가스라이터에 대해 알아보고 그들과 부딪치게 되는 상황을 살펴봄으로써 그 방법을 알아볼 것이다.

당신이 어쩌다 가스라이터와 얽혔다면 가정에서건 직장에서건 그 외의 다른 곳에서건 당신은 결코 혼자가 아니라는 사실에서 위안을 얻기 바란다. 당신에겐 가스라이터에게서 벗어날 용기가 있다. 당신에겐 더 나은 삶을 누릴 자격이 있다.

왜 가스라이팅인가?

개인 상담실을 운영하는 정신과 의사로서 나는 가스라이팅의 피해를 너무도 가까이에서 보아왔다. 나의 전공이 ADHD, 불안, 만성통증이고 가스라이터들은 정확히 이러한 약점을 지닌 사람들을 공격하기 때문에 나는 다른 의사들보다 가스라이팅 희생자를 만날 기회가 더 많았다. 우리 상담실의 내담자들 중 상당수가 가스라이팅으로 인한 우울, 불안, 심지어 자살충동까지 느낀다.

나는 플로리다 최고법원에서 공인 가사 조정위원이자, 순환 조정위원으로도 일하고 있다. 이혼, 재산 분할, 위자료, 양육권 문제 등의 중재 과정에서, 특히 양육권 소송에서 가스라이터의 행동들을 목격할 수 있었다. 가스라이터들은 양육권 분쟁에 휘말릴 가능성이 높다. 그들은 문제를 해결하려 하기보다는 법적 분쟁을 일으키는 경향이 있다. 경험 많은 변호사들과 판사들은 대체로 가스라이팅 행동을 곧바로 간파한다. 그러나 어떤 가스라이터들은 너무도 노련해서 정신 건강 전문가들조차 놓치기 쉽다.

나는 가스라이터들이 입히는 피해를 목격하는 한편, 그들의 행동 패턴도 본다. 그래서 〈사이콜로지 투데이〉 블로그에 가스라이팅에 관한 글을 올리기 시작했고 전 세계 수많은 이들에게서 편지와 전화를 받았다. 그들은 가스라이터들을 상대하는 일이 얼마나 지옥 같은지를 누군가 얘기하고 있다는 사실에 감사했고, 자신의 이야기를 하고 싶어 했다. 또한 가스라이터에게서 자신을 지키는 방법 혹은 그들과의 관계를 끝내는 방법에 대해 조언을 구했다.

내가 쓴 글 중에 '가스라이팅의 열한 가지 위험 신호'는 특히 큰 호응을 얻었다. 조회 수는 수백만을 기록했고 이 책을 출간하는 계기가 되었다. 전화와 메일이 폭주했다. 심지어 자기 자신에게서 가스라이팅 행동을 발견했다는 사람도 있었다. 모두가 절실하게 도움을 청했다. 정보에 목말라 있었던 사람들이 보여준 열렬한 호응이야말로 이 책을 집필하게 된 가장 큰 이유다.

가스라이팅에 관해 많이 알수록 가스라이팅으로부터 스스로를 더 잘 보호할 수 있다. 당신은 가스라이팅의 희생자일 수도, 가스라이팅의 여파에 시달리는 사람을 돕는 치료사일 수도 있다. 자신에게서 가스라이팅 성향을 발견했을 수도 있고 이제 막 연애를 시작하거나 다시 시작하려는 사람일 수도 있다. 새로운 일을 시작하거나 직원을 고용하기에 앞서 잠재적 적신호에 미리 대비하려는 사람일 수도 있다. 당신이 누구이든 이 책에서 소중한 정보를 얻을 것이다.

이 책에서 다루게 될 내용

각 장은 주제별로 정리되어 있다. 그렇다 보니 당신의 상황과 연관된 장부터 읽고 싶을 수도 있다. 그러나 나는 이 책을 처음부터 끝까지 읽을 것을 강력히 권한다. 가스라이팅은 너무 복잡 미묘한 것이라 뜻밖의 장에서 당신의 상황을 해결할 지혜를 발견하게 될 수도 있기 때문이다. 남녀관계, 가정, 직장에서의 가스라이팅에 관해 읽다 보면 가스라이팅에 관한 큰 그림을 그릴 수 있고, 당신이 할 수 있는 일이 무엇인지 자연스럽게 떠오를 것이다.

1장에서는 가스라이터들이 사용하는 교활한 조종의 과정을 살펴볼 것이다. 가스라이팅은 본질적으로 통제의 문제이고 다른 사람에 대한 통제권을 확보하는 것의 문제다. 직장에서건 가정에서건 혹은 국제무대에서건 마찬가지다. 가스라이터가 당신의 자긍심을 무너뜨리기 위해 어떤 설득전략을 사용하는지 살펴볼 것이다. 가스라이터는 조종의 강도를 서서히 높여간다. 당신이 그의 약한 조종 행동을 용인하는 순간, 그는 당신이 걸려들었음을 안다. 그때부터 서서히 조종의 강도를 높이고, 그래도 당신이 계속 그의 곁에 머물 거라고 가정한다. 가스라이터는 자신의 어떤 행동을 당신이 눈감아주는 순간 앞으로도 자신에게 고분고분할 확률이 높다는 걸 안다.

모든 친밀한 인간관계가 때때로 힘겹게 느껴지는 것이 사실이지만 상대가 가스라이터일 때 그 관계는 고문에 가깝다. 자의식이 강한 사람들조차도 가스라이터들과의 관계에 빠져들 수 있고 그들을 떠나는 것이 거의 불가능하게 느껴지기도 한다.

2장에서는 당신이 가스라이팅을 당하고 있는지 판단할 수 있도록 도울 것이다. 명백한 신호는 물론이고 미묘한 신호들까지 알아볼 것이다. 가스라이터의 곁에 머무는 것이 얼마나 위험한 일인지 확실히 깨닫게 될 것이다.

3장에서는 첫 만남에서 감지할 수 있는 적신호와 가스라이터의 절절한 구애작전에 어떤 목적이 있는지 알아볼 것이다. 관계 초기에 가스라이터를 거를 수 있는 방법, 가스라이터와 사귀고 있다면 거기서 빠져나오는 방법과 향후 스스로를 보호하는 방법까지 알아볼 것이다.

4장에서는 가스라이터가 직장생활을 어떻게 무너뜨리는지 살펴볼 것이다. 가스라이터는 이야기를 날조해서 동료가 해고당하게 만들고 동료와 부하 직원을 괴롭히고 협박한다. 자신의 비윤리적인 행태로부터 사람들의 주의를 분산시키기 위해 동료들 간에 싸움을 붙인다. 가스라이터는 회사 곳곳에 포진해 있다. 그는 상사이고 동료이며 부하 직원이다. CEO일 수도 있고 우편물실 직원일 수도 있다. 우리는 가스라이터로 인해 잘 돌아가던 회사가 난관에 봉착하고, 그것만 아니면 썩 괜찮은 직장에서 직원들이 빠져나가는 과정을 살펴볼 것이다. 가스라이터는 동료를 깎아내리기 위해서라면 무슨 짓이든 서슴지 않는다. 동료에게 과실을 덮어씌워놓고 흐뭇해한다. 당신의 실적을 훔치고 당신을 길들이기 위해 형편없는 고과 점수를 주고 원하는 바를 얻어내기 위해 소송을 하겠다고 협박한다. 어쩌면 이 모든 것이 괴롭힘과 상당히 비슷하게 보일 것이다. 괴롭힘이 맞다.

지금은 미투Me Too의 시대다. 사람들이 자신이 겪은 괴롭힘과 학대에 대해 나서서 얘기하고 있고, 때로는 하나의 사건이 몇 년을 끌기도 한다. 예전 같으면 참고 넘기거나 입을 다물었을 일들을 이제 사람들은 공개적으로 나서서 얘기한다. 가스라이터들은 남을 조종하고 그들에 대한 통제권을 확보하기 위해 사람들을 괴롭힌다. 그들은 권력이나 권위를 덜 가진 이들을 공격하고, 자신들의 행동을 폭로하려는 사람들을 협박한다. 가스라이터들은 또

한 가정폭력의 가해자가 되기도 한다. 그들은 가족을 언어적, 경제적, 물리적, 성적으로 그리고 정신적으로 학대하며 희생자를 두려움에 떨게 만든다. 5장에서는 다양한 유형의 괴롭힘에 대해 알아볼 것이다. 당신의 인간관계에 해당되는 내용이 있는지 살펴보기 바란다. 학대적인 인간관계에 머무는 것이 왜 위험한지 깨닫게 될 것이고, 거기서 영원히 빠져나오는 방법도 알게 될 것이다.

가스라이팅이 일대일 관계에서만 이루어지는 것은 아니다. 권력집단이 가스라이팅을 이용해 국민과 반대파를 흔들고, 주의를 분산시키고, 혼란에 빠뜨리기도 한다. 다시 말해서 국민을 보다 통제하기 쉬운 상태로 만드는 것이다. 6장에서 우리는 정치로 시선을 돌려 정치인과 독재자들이 국민을 상대로 어떻게 스벵갈리 효과Svengali effect*를 얻어내는지 살펴볼 것이다. 이것은 보다 큰 무대에서의 가스라이팅이다.

가스라이터 정치인들은 오랜 세월에 걸쳐 축적된 문화적 제도와 관습을 해체하면서 황당하고 기이한 행동으로 우리를 혼란에 빠뜨린다. 한 국가의 지도자가 전 국민을 조종하려 할 때 국민은 어떻게 해야 할까? 이 장에서 우리는 가스라이터 지도자들로

---

*   최면사가 최면 상태에 있는 내담자를 나쁘게 이용할 수 있음을 말해주는 개념. 〈스벵갈리(1931)〉라는 영화에서 유래된 단어로, 주인공인 스벵갈리가 여성 주인공인 트릴비에게 최면을 걸어 범죄에 이용한다.

부터 법적으로, 그리고 개인의 안전 측면에서 자신을 보호하며 긍정적인 사회적 변화를 이룰 수 있는 방법을 다룰 것이다. 조직적으로 연계하는 것은 가스라이팅에 맞서는 가장 효율적인 방법이다. 그렇다, 수적 우세에서 오는 힘은 막강하다.

7장에서는 대규모 가스라이팅의 또 다른 형태를 살펴볼 것이다. 바로 사이비 종교 단체와 과격 단체의 가스라이팅이다. 영화에나 나오는 얘기라고 생각할 수도 있겠지만 그래도 이 장을 읽어보기 바란다. 왜냐하면 이러한 가스라이팅은 모든 폐쇄 집단에 적용되기 때문이다. 사이비 종교 단체와 과격 단체의 지도자들은 가스라이터의 프로필에 완벽하게 부합된다. 그들은 카리스마 넘치고, 극단적으로 권력을 남용하며, 사람들을 가족으로부터 분리시키고, 사람들의 재산과 배우자 선택, 직업, 현실 감각을 통제한다. 어떤 집단이건 개인의 자유를 극단적으로 억압하는 폐쇄적인 생태계에서 운영되는 조직이라면 사이비 단체나 과격 단체에 해당된다. 이러한 집단에 가담한 사람들에게서 나타나는 전형적인 징후들을 살펴보고 그 상황에서 스스로를 보호하고 또 벗어나는 방법을 알아볼 것이다.

어린 시절에 가스라이팅을 경험한 사람들도 있다. 부모가 자녀의 행동을 통제하기 위해 가스라이팅을 사용한 경우다. 8장에서 우리는 가스라이터인, 혹은 가스라이터였던 부모에게 어떻게 대처해야 하는지 살펴볼 것이다. 가스라이터 부모가 성인이 된 자녀에게 어떤 영향을 미치는지, 가스라이팅 행동이 한 세대에서 다음 세대로 어떻게 세습되는지도 알아볼 것이다. 가스라이터에 의해 양육된 아이들은 종종 그들 자신도 연인이나 친구에게 가스라이팅 전략을 사용한다. 그런 경우를 우리는 '벼룩이 옮았다'고 표현한다. '개들 틈에 누워 있으면 벼룩이 옮는다'는 속담에서 따온 표현이다.

가스라이팅을 하는 부모에게서 습득한 기술을 지속적으로 사용하다 보면 인간관계가 경직되거나 파탄에 이를 수 있다. 가스라이터 부모의 상당수가 성격 장애를 지니고 있어 자녀들은 부모의 행동을 모방하다가 성격 장애라는 오진을 받기도 한다. (Donatone 2016)

어떤 가스라이터의 자녀들은 그 자신도 가스라이터로 성장하는 반면, 어떤 가스라이터의 자녀들은 그렇지 않다. 오히려 가스라이팅의 반대 성향을 갖게 되기도 한다. 그런 이들은 그 관계에 종속되거나 그들 자신이 부모가 된다. 자식임에도 불구하고 부모에게 부모 역할을 하는 것이다. 때문에 우리는 가스라이터 부모를 보호해야 하는 상황에 처했거나, 가스라이터를 삶에서 완전히 배제하는 것이 불가능할 때 어떻게 대처해야 하는지도 살필 것이다. 형제나 성인이 된 자녀가 가스라이터인 경우도 마찬가지다. 직장 동료나 친구들과는 달리 그들과의 관계를 끊기란 쉽지 않다. 형제가 당신을 가스라이팅하는 경우 어떻게 대처해야 하는지에 대해서도 알아볼 것이다. 가족 안에서 '사랑받는 아이'와 '희생양' 구도에 대해 알아보고 그 영향이 성인이 된 이후 형제 관계에서 어떻게 나타나는지까지 살펴볼 것이다.

'프레너미frenemy'라는 단어는 아마도 가스라이터들을 위해 만들어진 단어일 것이다. 프레너미란 우정의 관계인 것 같지만 항상 경쟁과 라이벌 의식으로 가득 찬 관계를 뜻한다. 9장에서는 우리의 에너지를 고갈시키는 '감정 뱀파이어'들에 대해 알아볼 것이다. 가스라이터들은 당신으로부터 '탄환'을 모아 그 정보를 당신을 공격할 때 사용한다. 건강한 관계라면 보듬어주어야 할 당신의 취약성을 가스라이터들은 착취해야 할 약점으로 여긴다. 가스라이터들은 이간질을 잘하는 것으로도 악명이 높다. 그들은 친구 간에 싸움을 붙이고, 희생자가 가스라이터에게 도움을 청하게 만든다. 이 장에서는 가스라이터가 당신에 관한 악담을 퍼뜨리고 다닐 때 어떻게 대처해야 하는지도 다룰 것이다. 악담을 퍼뜨리는 것은 당신이 그들과 거리를 두려 할 때 그들이 흔하게 하는 행동이다.

이쯤 되면 당신 자신의 행동 중 어떤 부분이 가스라이팅이었다는 사실을 깨달았을 수도 있다. 어쩌면 당신은 처음부터 그런 의심으로 이 책을 읽기 시작했을 수도 있다. 10장에서는 당신이 그동안 다른 사람들을 가스라이팅해왔음을 알게 되었을 때 어떻게 해야 하는지 지침과 방향을 안내한다. 가스라이팅 행동을 개선하기 위한 상담을 받고 그동안 당신이 어떤 식으로 주변 사람들을 조종하고 그들에게 상처를 주었는지 확인해볼 수 있다. 가스라이터와 긴 시간을 함께하다 보면 그에 맞서는 하나의 방편으로 가스라이팅 행동을 하게 되는데, 부모 혹은 오랜 연인이 가스라이터인 경우에는 특히 그렇다.

마지막으로 11장에서는 가스라이팅으로부터 스스로를 보호하고 치유하기 위한 상담 치료에 대해 다시 한번 살펴볼 것이다. 다양한 상담 치료에 대해 알아보고 당신에게 최선의 치료가 무엇인지 생각해볼 것이다. 내담자 중심 치료, 인지 행동 치료, 변증법적 행동 치료, 수용과 책임 치료, 해결 중심 치료 등 다양한 치료에 관한 정보를 나눈다. 상담 치료사를 찾지 않고 혼자 해볼 수 있는 불안 해소법도 다룰 것이다. 명상에 관한 정보와 명상이 가스라이팅 치료에 어떻게 도움이 되는지도 알아본다. 명상은 비용을 들이지 않고도 스트레스 지수를 낮추고 대처 능력을 향상시킬 수 있는 간편한 방법이다.

이 책 전반에 가스라이팅을 직접 경험한 사람들의 체험담이 담겨 있다. 사생활을 보호하고 안전을 기하기 위해 신분이 드러나는 세부적인 내용은 삭제했고 가명을 썼으며 두 가지 사례를 합친 경우도 있다.

사설이 너무 길었다. 이제 시작해보자.

1

내가 이상한가, 아니면
그가 날 이상한 사람으로 만드는 것인가?

가스라이터의 초상

가스라이터에게는 몇 가지 특징이 있다. 그 특징을 아는 것은 매우 중요하다. 이 장에서 만나게 될 가스라이터의 특징 목록은 너무도 길고 방대해 보일 수 있다. 이 목록을 공개하는 이유는 가스라이터의 임상적 정의를 내리기 위한 것도 있지만 가스라이팅이 무엇이고, 어떻게 작동하며, 또 어떻게 간파할 수 있는지에 관한 보다 명확한 그림을 제공하기 위해서이다.

　　어쩌면 여러분은 이런 생각을 할 수도 있다. '흠, 듣다 보니 언니가 나한테 가끔 그런 행동을 하는 것 같네. 하지만 언니는 가스라이터가 아니야.' 여기서 다루는 것은 하나의 패턴으로서의 행동이다. 여기에 나오는 여러 가지 특징이 한 사람에게서 지속적으로 발견된다면 그 사람은 가스라이터일 확률이 높다.

　　자, 그럼 이제 가스라이터의 초상을 그려보자.

1. 사과는 한다, 그러나 조건이 붙는다

"이렇게 말하는데, 정말 기가 막히더라고요. '바람 피워서 미안해. 하지만 네가 아내 노릇을 좀 더 잘했더라면 내가 다른 데서 애정을 갈구하진 않았겠지.'"-토니, 56

가스라이터들에게서 종종 발견되는 첫 번째 특징은 그들이 '조건부 사과'의 대가라는 점이다. 만약 어떤 사람이 당신에게 "그런 기분이 들었다니 유감이네요"라고 말한다면 그건 사과가 아니다. 그 사람은 자신의 행동을 책임지지 않고, 당신의 감정을 인정해줌으로써 이해받는다는 기분이 들도록 당신을 조종하는 것이다. 가스라이터는 당신에게서 얻을 게 있을 때에만 사과한다. 설령 그가 사과를 하더라도 잘 들어보면 사과가 아니다. 당신이 사과를 요구했거나, 혹은 판사나 조정위원에게 그렇게 하라는 명령을 들어서 어쩔 수 없이 하는 것뿐이다.

2. 삼각관계와 이간질을 즐긴다

"가스라이팅을 하는 상사가 내가 해고될 거라고 제 동료한테 말했더라고요. 참 나, 그런 이야기를 들었으면 나한테 직접 얘기했어야죠."-제임스, 35

가스라이터는 사람들을 조종하는 다양한 기술을 보유하고

있지만 그중에서도 그들이 가장 선호하는 것은 삼각관계와 이간질이다. 당신과 다른 사람 사이가 틀어지는 것은 지배하고 통제하려는 가스라이터의 욕구에 부합된다. 가스라이터가 삼각관계를 만들고 이간질을 하는 것은 다음과 같은 이유 때문이다.

- 사람들이 서로 싸우게 만들기 위해
- 자기편을 만들기 위해
- 직접 대면을 피하기 위해
- 자신의 행동에 대한 책임을 회피하기 위해
- 당신의 평판을 망치기 위해
- 거짓말을 퍼뜨리기 위해
- 혼란을 조장하기 위해

"남편 말이, 시어머니가 내 양육 방식이 마음에 안 든다고 말했다는 거예요. 그래서 남편에게, 그건 시어머니가 나한테 직접 하실 얘기라고 하고는, 더 이상 남편과 그 얘기를 하지 않았어요. 시어머니는 그런 식으로 날 조종하려 해요."–조니. 30

삼각관계Triangulation는 제3자를 중개자로 사이에 두고 의사소통하는 것을 뜻하는 심리학 용어다. 상대방과 직접적으로 얘기하는 대신 가스라이터는 친구, 동료, 형제, 부모 등을 통해 자신의 메시지를 전달한다. 삼각관계 행위로는 "샐리가 제발 나한테 전화 좀 그만했으면 좋겠어"와 같이 듣는 사람이 메시지를 전달해 주기를 바라는 암시적 대화에서부터 "제발 나한테 전화 좀 그만하라고 샐리한테 전해줘"라고 노골적으로 말하는 것에 이르기까지 다양하다. 두 가지 다 조종을 위한 간접 대화다.

> "전남편 말이, 내가 없어졌으면 좋겠다고 아들이 말했다는 거예요. 그러면서 절대 나한테 말하지 않겠다고 아들하고 약속했대요. 그래서 내가 아들한테 전화해서, 혹시 무슨 걱정거리가 있는지, 아니면 하고 싶은 얘기가 있는지 물었어요. 아들은 아무 일도 없다고, 잘 지낸다고 했어요. 우리는 이런저런 이야기를 나누었어요. 내가 전남편 말만 전해 듣고 아들과 이야기를 나누지 않았으면 어쩔 뻔했는지, 정말 아찔해요. 완전히 꼬였겠죠." -매기, 55

가스라이터는 싸움 붙이기를 좋아한다. 이런 행동을 이간질이라고 한다. 이간질은 그들에게 권력과 통제감을 부여한다. 이간질의 한 가지 사례로는 가스라이터가 당신에게 와 다른 친구가 당신 험담을 했다고 거짓말을 하는 것이다.

가스라이터는 선동하고 부추긴다. 사람들을 선동해서 서로 싸우게 만들고 그 폭발에서 힘을 얻는다. 그러고는 그들 자신이 일으킨 싸움을 옆에서 느긋하게 구경한다.

이 단순한 원칙을 지키기 바란다. **직접 들은 얘기가 아니면, 당신이 들은 얘기는 사실이 아니라고 가정하라.** 가스라이터는 이 간질과 삼각관계를 통해 당신을 친구와 떼어놓고 자기 쪽으로 끌어당긴다.

3. 대놓고 아부한다

가스라이터들은 사람의 마음을 녹이는 데에도 능하다. 그들은 원하는 것을 얻기 위해서라면 마음에 없는 말로 아부할 수 있는 사람들이다. 그러나 욕구가 충족되는 순간 그들은 친절의 가면을 벗는다. 당신의 직감을 믿어라. 억지스럽거나 가식적으로 느껴지는 친절은 경계하라.

4. 특별대우를 요구한다

가스라이터는 통상적인 사회규범, 이를 테면 예의, 존경, 인내심 같은 것들이 자기 자신에게는 적용되지 않는다고 믿는다. 그들은 그 규범 위에서 군림한다. 예를 들면, 가스라이터 남편은 자신이 퇴근했을 때 아내가 반드시 정확한 시간에 집으로 돌아와 저녁식사를 준비해놓아야 한다고 생각한다. 아내가 이러한 의무에 소홀할 때 가스라이터는 이성을 잃고 분노하고 보복한다.

5. 약자에게 강하다

"남자 친구가 제 남동생을 놀리곤 했는데, 그 방식이 전혀 장난 같지가 않았어요. 마치 '내가 네 약점을 간파해서 들추어내고 말 겠어' 하는 식이었어요." -하이디, 29

"여자 친구와 저녁식사를 하고 있었어요. 주문한 음식이 잘못 나왔는데, 웨이터에게 소리를 지르더라고요." -대니얼, 28

약자를 대하는 방식을 보면 그 사람에 관해 많은 것을 알 수 있다. 예를 들면, 레스토랑 웨이터를 어떻게 대하는지 보라. 그들에게 함부로 말하는가, 아니면 공손하게 주문하는가? 요구한 음식이 아닌 다른 음식이 나왔을 때 어떻게 대처하는가? 단호하지만 공손하게 다시 가져다 달라고 요구하는가? 아니면 난리를 피우면서 웨이터에게 소리를 지르는가? 웨이터를 함부로 대하는 것역시 가스라이팅의 신호일 수 있다.

아이와 동물들을 대하는 방식으로도 가스라이팅의 신호를 간파할 수 있다. 아이와 동물에 무심한 것과 그들을 경멸하는 것은 다르다. 가스라이터들은 '약자'로 인식되는 사람이나 동물을 놀리거나 괴롭히는 경향이 있다.

도로에서도 가스라이터의 징후를 발견할 수 있다. 가스라이터는 누군가가 자기 앞에 끼어들거나 깜빡이를 켜지 않으면 그것을 개인에 대한 모독으로 여긴다. 그는 자신에게 가해진 '부당한'

처사를 즉시 설욕하고 시정하려 한다. 그로 인해 다른 운전자나 동승자를 위험에 빠뜨리기도 한다.

6. 약점을 집중 공략한다

"말다툼을 하던 중에 내가 울었더니, 이때다 하고 날 더 몰아세우더라고요. 마치 신선한 피를 본 짐승처럼 내 약점을 공격했어요."-도미니크, 30

아마도 당신은 안전하다고 생각하고 가스라이터와 사귀기 시작했을 것이다. 그래서 당신은 건강한 인간관계에서라면 당연한 일을 했을 것이다. 바로, 당신의 속마음과 감정을 그에게 털어놓은 것이다. 이것은 친밀한 인간관계로 나아가는 평범하고 자연스러우며 건강한 과정이다. 그러나 가스라이터는 자신에 관한 정보를 거의 주지 않는다. **당신이 그에게 털어놓은 정보는 말다툼할 때 당신을 공격하는 무기가 된다.** 심리적 탄환이 되는 것이다. 예를 들면, 당신이 그에게 털어놓은 동생과의 갈등관계는 이제 당신에게 되돌아온다. "우리가 이렇게 싸우는 것도 당연하지. 당신 동생도 당신을 못 견뎌 하잖아. 나한테 하는 식으로 동생한테도 했을 테니까."

7. 남과 비교한다

가스라이터는 사이를 갈라놓아서 통제권을 확보하기 위해 두 사람을 서로 비교하기도 한다. 가스라이터 부모는 종종 자녀를 서로 비교한다. 비현실적이고 노골적인 방식으로. 가스라이터 부모에겐 대체로 '사랑받는 아이'와 '희생양'이 있다. 사랑받는 아이는 뭘 해도 칭찬받고, 희생양은 뭐 하나 제대로 하는 게 없다. 비교로 인해 형제 사이가 틀어지고 성인이 된 이후에도 경쟁심리가 지속되는 경우도 흔하다.

상사가 이렇게 말할 수도 있다. "어째서 제인처럼 성과를 내지 못하는 거죠? 제인은 매일 여덟 시에 출근해요. 제인이 할 수 있다면 당신도 할 수 있잖아요." 가스라이터가 당신의 경쟁상대를 비방해야 하는 상황이 될 때까지 당신은 항상 열등한 존재다. 그러다가 당신의 경쟁상대를 비방해야 하는 상황이 오면 그는 이제 당신을 칭찬할 것이다. 가스라이터의 황당한 기대 수준에 부합하기 위해 당신이 아무리 열심히 노력해도, 당신은 결코 완벽해질 수 없다.

8. 잘나가던 시절에 집착한다

"말다툼을 할 때마다 여자 친구는 매번 자기가 졸업생 대표였다는 얘기를 해요. 마치 그게 자기가 나보다 똑똑하다는 증거라도 된다는 듯이. 그런데요, 그건 자그마치 20년 전 일이라고요. 그

리고 졸업생이 열다섯 명인가 그랬어요." -빅터. 37

가스라이터는 종종 자신의 업적을 떠벌린다. 예를 들면, 직장에서 이달의 사원으로 선정되었다던가. 그게 15년 전이라는 사실은 중요하지 않다. 그들이 한때 누군가를 '멋지게 제쳐버린' 일을 또다시 들먹일 때, 당신이 열정적으로 호응하며 찬사를 보내주지 않으면 그는 당신을 괴롭힌다. 가스라이터들은 자신의 성취에 엄청난 의미를 부여한다. 그 성취와 공로라는 것이 망상에 불과할지라도.

9. 자신에게 굽실거리는 사람들과 어울린다

가스라이터의 행동에 대해 따지는 사람들은 가스라이터들의 삶에 설 자리가 없다. **가스라이터는 오직 자신을 떠받드는 사람들하고만 어울린다.** 자신은 그런 대접을 받아 마땅한 사람이기 때문이다. 당신이 더 이상 그들을 떠받들거나 아부하지 않을 때 그들은 당신을 버린다.

10. 딜레마에 빠뜨린다

여기서 말하는 딜레마라는 것은 두 가지 나쁜 선택 중 한 가지를 선택할 수밖에 없는 상황, 혹은 서로 상충되는 메시지를 받는 상황을 말한다. 예를 들면, 가스라이터인 남편은 아내에게 체중을 줄이라고 말하면서 저녁 식사에 다양한 디저트를 준비한다. 당신은 어떻게 해도 이길 수 없다. 가스라이터는 상대방을 심리적 딜레마에 빠뜨리는 것을 즐긴다. 당신의 불확실성이 가스라이터에게는 당신에 대한 통제의 신호이기 때문이다.

11. 외모에 집착한다

감히 가스라이터의 체면을 구기다니! 그는 당신을 가만두지 않을 것이다. 가스라이터는 남에게 보여지는 자신의 모습에 집착한다. 외모를 가꾸는 데 많은 돈을 투자하고 거울에 비친 자신의 모습을 바라보며 많은 시간을 보낸다. 다른 사람이 그의 머리를 만지거나 미용제품에 손을 대면 화를 내기도 한다. 그들은 완벽을 추구하고, 그것은 불가능한 목표다. 가스라이터는 성형수술이나 외모를 가꾸는 비용을 마련하기 위해 생필품을 포기하기도 한다.

12. 당신의 외모에도 집착한다

가스라이터는 자신의 외모에만 집착하는 게 아니라 당신의 외모에도 까탈을 부린다. 체중은 자주 가스라이터의 표적이 되곤 한다. 가스라이터는 배우자의 체중과 옷차림을 조롱한다. 자신이 괜찮다고 생각하는 옷을 배우자에게 사주기도 한다. 그 행위의 이면에 담긴 메시지는 '당신 옷차림이 내 마음에 안 들어'이다.

13. 사기를 친다

"남동생이 집세를 내야 한다며 천 달러를 빌려달라고 했어요. 자기가 지금 무척 힘든 상황이라면서요. 살 길이 막막하다며 울더라고요. 그래서 돈을 박박 긁어서 빌려주었죠. 나중에 알고 보니 그 돈을 도박에 탕진했더라고요." -쇼나, 35

가스라이터에게는 모든 것이 게임일 뿐이다. 게임에서 이기려면 사기는 필수다. 가스라이터는 당신에게서 감정적으로 혹은 재정적으로, 얼마나 갈취할 수 있을지 궁금해한다. 반면 본인이 생각하는 것만큼 영리하지는 못해서 자신의 사기 행각에 대해 떠벌리고 다닌다. 그것이 그들을 추락으로 이끄는 요인 중 하나다.

14. 공포를 조장한다

"반 학생들을 데리고 소풍을 갔는데, 보호자로 동반한 학부모 한 명이 자기한테 부딪쳤다면서 어떤 애한테 소리를 지르더라고요. 부딪친 아이는 6학년이었는데 친구들과 놀다 보니 그런 거지 절대 일부러 그런 게 아니었어요. 그런데 그 학부모의 아들이, 그 아들도 6학년이었는데, 자기 엄마와 부딪친 애한테 그러는 거예요. '우리 엄마를 화나게 하다니 너 이제 큰일났다.'" -알렉스, 30

가스라이터의 친구와 가족 중에는 가스라이터의 행동을 용기 있게 지적하는 사람들 앞에서 가스라이터를 두둔하거나, 가스라이터와의 대결구도를 회피하는 사람들이 있다. 이러한 상황이 벌어지는 데는 두 가지 중요한 이유가 있다. 첫째, 가스라이터의 친구와 가족은 가스라이터의 행동에 너무도 익숙해진 나머지 그것을 당연한 것으로 여긴다. 둘째, 가스라이터를 배신하는 것처럼 보일까 봐 그런 식으로 자신을 보호하는 것이다. 이것은 가스라이터의 자녀들에게 너무도 흔히 나타나는 현상이다. 가스라이터의 보복을 경험한 친구와 가족은 가스라이터를 두려워하게 되고 무슨 수를 써서라도 그와 맞서는 상황을 피하려 한다.

15. 성질이 고약하다

"남편이 딸에게 넌 아무 짝에도 쓸모없는 애라고, 너랑 결혼할 정도로 멍청한 놈을 찾는다면 그나마 운이 좋은 줄 알라고 했어요. 대체 그 아이가 뭘 어쨌길래 그랬냐고요? 아빠에게 소리 지르지 말라고 말한 게 다였어요." -노라, 45

가스라이터들은 사람들이 당연히 자신에게 충성을 바쳐야 한다고 믿는다. 가스라이터는 워낙 자존감이 약하기 때문에 사소한 행동도 감정적으로 받아들일 수 있고 재앙에 가까운 결과를 초래하기도 한다.

가스라이터는 처음에는 자신의 분노를 조용히 표출하며 그들이 표방하는 완벽한 외양을 유지하려 애쓴다. 그러나 그 평온함은 오래가지 않는다. 가면을 벗는 가스라이터의 모습을 처음 본 순간, 당신은 깜짝 놀랄 것이다.

16. 처벌로 변화하지 않는다

B군 성격 장애에 해당되는 사람들 중 높은 가스라이팅 성향을 보이는 사람은 훈육이나 처벌에 대해 일반적인 사람들과 다른 신경계 반응을 보이는 경향이 있다. 가스라이터는 포상에 대해서도 다른 사람들만큼 가치를 두지 않는다.(Gregory 2015) 이것은 가스라이터에게 처벌이나 포상의 효력이 비교적 덜하고, 결국 다른 사람의 반응과 상관없이 '늘 하던 대로' 할 확률이 높다는 의미이다.

17. 공감하는 '척'한다

가스라이터가 당신의 기분을 얼핏 이해하는 것처럼 보일 수도 있지만, 자세히 살펴보면 그들의 공감에는 로봇 같은 측면이 있음을 알 수 있다. 그들의 반응은 입체적이지 않고 마치 녹음된 목소리를 틀어놓은 것과 같다. 그들의 말에는 진솔한 감정이 담겨 있지 않다. 가스라이터들은 정서적 공감이 아닌 '인지적 공감'에 뛰어나서 공감하지 않으면서도 공감하는 것처럼 행동할 수 있다.

18. 무책임하고 남을 탓한다

"치료과정에서 한 가족을 상담하고 있었는데, 어머니가 자기는 더 이상 상담에 참석하지 않겠다는 거예요. 자기 아이를 '고치기' 위해서 데려온 것뿐이래요. 시도 때도 없이 전화해서 자기 아들이 얼마나 형편없는 아이인지 몇 시간씩 얘기하곤 했어요. 어머니가 상담에 같이 참석해야만 아들을 치료할 수 있다고 했더니, 날 보고 형편없는 치료사래요." -제이슨, 50

가스라이터는 항상 남을 탓한다. 그것이 그들의 주문이다. 앞에서도 언급했듯이 성격 장애자들은 자아 동조적 성향을 보인다. 다시 말해서 성격 장애자들은 항상 자기는 정상이고 다른 사람들은 다 미쳤다고 생각한다는 뜻이다. 성격 장애자들이 보기에 자신의 행동은 지극히 타당하고 자신의 욕구에 부합된다. 성격 장애자를 치료하기가 그토록 어려운 이유가 바로 이 때문이다. 그들은 자신과 자신의 행동에는 아무 문제가 없다고 생각한다.

19. 서서히 피를 말린다

가스라이터는 시간만 충분히 들이면 당신의 정신을 황폐하게 만들 수 있다고 확신한다. 조종의 강도를 서서히 높여가면 프라이팬 위의 개구리 꼴이 될 거라고 생각하는 것이다. 산 채로 익어간다는 것을 당신이 알아차리지 못하도록 온도를 조금씩 올릴 것이다. 가스라이터와의 관계 초기에는 다 좋아 보인다. 사실 너무 근사해서 믿기 힘들 정도다. 심지어 때때로 당신을 칭찬할 수도 있다. 그러다가 어느 순간부터 비난이 시작된다. 가스라이터가 경멸과 칭찬 사이를 오가는 이유는 무엇일까? 가스라이터는 혼란이 사람의 심리를 약화시킨다는 것을 알고 있다. 나약함은 불확실성에서 온다. 관계가 지속될수록 당신은 관계의 초기에는 결코 믿지 않았을 황당한 거짓말을 믿게 된다.

20. 습관적으로 거짓말을 한다

"남편 휴대전화에서 이상한 메시지를 봤는데, 남편은 내가 그런 걸 본 적이 없다고 우겼어요. 그러면서 내가 미쳐가는 것 같대요. 어느 순간 남편 말이 맞을지도 모른다는 생각이 들더라고요."-오드라, 29

만약 가스라이터가 사탕을 훔치려고 유리병에 손을 집어넣다가 들킨다면 그는 당신의 눈을 똑바로 쳐다보면서 자긴 절대 그런 짓을 한 적이 없다고 잡아뗄 것이다. 그러면 당신은 자신의 정신 상태를 의심하게 된다. **어쩌면 정말 내가 잘못 본 건지도 몰라.** 바로 그게 그들이 원하는 바다. 그들이 말하는 진실에 당신이 의존하게 되는 것 말이다. 가스라이터는 거기서 한발 더 나아가서 당신이 미쳐가고 있다고 말할 수도 있다. 그러나 가스라이터들이 하는 말은 실제로 아무 의미도 없다. 그들은 습관적 거짓말쟁이들이다. 그것이 바로 우리가 그들의 말이 아닌 행동에 주의를 기울여야 하는 이유다.

21. 지속적으로 갈군다

"형은 항상 날 찌질이라고 놀렸어요. 몇 번 정도는 그러려니 했죠. 그런데 한번은 내가 좋아하는 여자애 앞에서 그런 말을 하는데 목소리가 진짜 야비했어요. 내가 형한테 그건 좀 심했다고 했더니 자긴 알 바 아니라는 듯이 들은 척도 안 하더라고요." -자비에르, 25

가스라이터는 사람을 끔찍하게 갈군다. 처음엔 단둘이 있을 때 당신의 헤어스타일이나 말투에 대해 지적한다. 그러다가 강도가 점점 높아져서 친구들 앞에서 당신을 갈구기에 이른다. 가스라이터의 말이나 흉내가 거슬린다고 말하면, 그는 당신이 너무 예민하다고 말할 것이다. 그들이 갈구는 방식은 평범한 형제자매들이 친구들과 함께 있을 때 서로를 놀리거나 농담을 하는 것과는 다르다. 가스라이터는 지속적으로 사람을 갈구고 그들의 행동은 어딘가 잔인한 면이 있다. 그리고 가장 중요한 것은, 당신이 그만하라고 해도 듣지 않는다는 것이다.

22. 그의 칭찬은 칭찬이 아니다

"내가 만든 음식이 너무 맛있다고 하더라고요. 그러더니 자기가
나한테 음식 만드는 법을 마침내 제대로 가르쳐주어서 흐뭇하대
요. 불과 몇 초 사이에 기분이 좋았다가 나빠졌어요." -밀라, 23

가스라이터들은 '칭찬 같은 욕'을 하는 데 선수다. 가스라이
터(혹은 나르시시스트)에게 진정한 의미의 칭찬이란 없다. 그들의 칭
찬은 매번 뒤끝이 있거나 수동적으로 공격적이다.

23. 자신의 행동을 당신에게 투사한다

가스라이터는 자신의 감정이나 행동에 대한 인지가 형편없
어서 자기 행동을 남에게 투사한다는 것을 알지 못한다. 예를 들
면, 가스라이터는 자신이 약물중독자이면서 당신에게 약물중독
검사를 받아보라고 말한다.

24. 당신을 고립시킨다

가스라이터는 당신의 친구나 가족이 당신에게 나쁜 영향을
미친다고, 혹은 당신이 좋아하는 사람들과 함께 있을 때 행복해
보이지 않는다고 말한다. 당신의 가족 모임에 함께 가는 것을 거
부하면서 '당신 가족들이 날 불편하게 만들기 때문에' 혹은 그 외
의 다른 모호하고 내용 없는 핑계를 댄다. 그렇게 말하면 당신이

혼자 가족 모임에 가서 혼자 온 이유를 둘러대기보다는 가스라이터 자신과 단둘이 시간을 보낼 거라고 가정한다. 가스라이터가 당신을 고립시킬수록 당신은 그의 통제에 휘둘릴 수밖에 없다.

25. '날아다니는 원숭이'로 압박해온다

가스라이터들은 다른 사람을 통해 당신에게 메시지를 전달한다. 특히 당신이 가스라이터와의 관계를 끊기 위해 용기 있는 첫발을 내디뎠을 때일수록 더더욱. '날아다니는 원숭이'들은 두 사람의 관계 회복을 돕는다는 이유로 때때로 본의 아니게 가스라이터의 메시지를 전달한다. '날아다니는 원숭이'에 대해서는 2장에서 더 자세히 알아볼 것이다.

26. 사람들에게 당신이 미쳤다고 말한다

가스라이터는 온갖 교활한 방법을 동원하여 당신과 사람들 사이에 싸움을 붙인다. 당신이 가스라이터 상사 때문에 직장을 그만두었다면, 동료가 당신에게 어떻게 된 거냐고 물을 수도 있다. 왜냐하면 상사가 그들에게, 그 사람 좀 이상하니까 조심하라고 주의를 주었기 때문이다. **당신이 미쳤다고 말하는 것보다 더 효과적으로 당신에 대한 평판을 망치는 방법은 없다.** 이제 당신은 연약하고 정서적으로 불안정한 사람으로 비친다.

27. 약속을 지키지 않는다

"남자 친구 말이, 내가 다른 주에서 취직을 하게 되면 자기 상사가 자기도 그곳으로 발령을 내줄 거라는 거예요. 그런데 막상 내가 다른 주에 취직을 했더니 그 제안이 취소됐다는 거예요. 상황이 닥치면 말을 바꾸는 게 그때가 처음은 아니었어요." -지루샤, 28

가스라이터에게 약속은 깨뜨리기 위해 존재한다. 가스라이터가 약속을 하더라도 괜히 하는 말이라고 생각해라. 가스라이터가 당신의 상사라면 약속을 문서로 작성해두어라.

28. 일방적인 충성을 강요한다

가스라이터는 완전하고 비현실적인 충성심을 요구한다. 그러나 그에게서 충성심을 기대하지 말라. 가스라이터는 상습적으로 바람을 피우는 사람들로 악명이 높다. 가스라이터는 당신에게 무슨 짓이든 다 할 수 있지만, 당신이 그를 배신하는 날에는 그가 당신의 삶을 생지옥으로 만들 것이다. 부디 하늘이 당신을 돕기를.

29. 당신이 쓰러져 있을 때 걷어찬다

당신에게 상처를 입히고 나면 가스라이터는 당신을 방치할 뿐 아니라 바닥에 쓰러진 당신을 계속 괴롭힌다. 그들은 다른 사람들이 괴로워하는 것을 지켜보면서 병적인 쾌감을 느낀다. 자신으로 인해 누군가가 고통받고 있다는 걸 알면 유독 신나 한다.

30. 책임을 다른 곳으로 돌린다

가스라이터는 당신이, 그리고 당신 주변 사람들이 일 처리를 제대로 못 해서 일을 다 그르쳤다고 말한다. 그러나 사실 자신의 실수를 인정하고 책임져야 하는 상황을 회피하고 있는 것이다. 예를 들면, 가스라이터는 직장의 안전수칙을 지키지 않아서 동료들을 위험에 처하게 한다. 이러한 위반 행위에 대해 상사가 지적하면 실제로 다친 사람은 아무도 없다고, 자신이 부당하게 표적이 되고 있다고 말한다. 아이와 집에서 책을 읽는 시간을 좀 더 많이 가졌으면 좋겠다는 교사의 조언을 들었을 때, 가스라이터 부모는 곧바로 다른 부모를 비난하거나 교사를 비난하거나 그런 문제를 제기한 학교를 비난한다.

31. 미끼를 던지고 낚아챈다

가스라이터인 상사가 당신에게 와서 새로운 프로젝트와 관련하여 잠시 얘기 좀 할 수 있냐고 묻는다. 당신은 흥분한다. 왜냐하면 상사가 새 프로젝트를 맡겨서 임금을 인상해주려는 것일 수도 있기 때문이다. 상사와 이야기를 나누다가 당신은 새 프로젝트를 맡게 된 건 사실이지만 다른 사람이 안 하겠다고 해서 대신 맡게 됐다는 걸 알게 된다. 결국 아무 보상도 없이 책임만 늘어나

는 상황이다. 질문을 하기도 전에 상사는 바쁘다며 당신을 내보
내고 문을 닫는다. 이것은 전형적인 조종 행위이다. 무언가를 줄
것처럼 미끼를 던지고 당신이 미끼를 무는 순간 획 낚아챈다.

누구나 때로는 사람을 조종하지 않나?

특정한 이득을 얻기 위해 남을 조종하는 사람과 가스라이터
는 어떻게 다를까? 그 둘을 구분하기란 참으로 어렵다. 조종 행
위 혹은 남에게 어떤 영향력을 행사하는 것은 영업사원처럼 특
정한 분야에서는 업무의 일부일 수 있지만 가스라이터에게는 일
종의 행동 패턴이다. **그들에겐 그것이 일상이다.** 사람이 거짓말을
할 땐 어떤 목적이 있게 마련이다. 맞닥뜨리기 싫어서, 혹은 출세
하고 싶어서, 혹은 비위를 맞추려고. 그러나 가스라이터는 특별한
이유 없이 거짓말을 하고, 또 하고, 자신의 권력에 상대가 휘둘리
는 것을 느낄수록 점점 더 강도를 높인다. 가스라이터는 거짓말
을 위한 거짓말을 한다. 속이고 통제권을 확보하고 당신을 혼란
스럽게 만들기 위해서. 가스라이터는 특정한 상황 때문이 아니라
삶의 한 방식으로 사람을 조종한다.

가스라이터는 대체 왜 그러는가?

가스라이터가 하는 모든 행위는 다른 사람에 대한 권력을 확보하고 결코 채워질 수 없는 자신의 결핍을 채우기 위한 것이다. 가스라이팅이 선천적인 것인지 후천적인 것인지에 관해서는 논란의 여지가 있다. 어떤 사람은 태어날 때부터 남을 조종하는 성향을 가지고 있다. 반면 어린 시절 부모나 다른 사람에게서 가스라이팅 행동을 습득하는 사람도 있다. 어린 시절 정신적으로 학대를 당한 아이는 자신에게 가해지는 잔인한 폭력에 대처하기 위해 부적절한 기술을 습득한다. 가스라이터 중 상당수는 '자기애 손상'을 보인다. 자기애 손상은 자존심 혹은 자기 가치감에 대한 위협을 느끼는 것이다. 그들은 그 위협에 자기애적 분노로 반응한다. 그 분노는 항상 요란하게 표출되는 것은 아니다. 때로는 조용하지만 그래서 더 위험하다. 사실 자기 도취자, 즉 나르시시스트가 분노에 휩싸이면 대체로 섬뜩할 정도로 고요하다. 등골이 오싹할 정도로.

당신이 그를 참아준 이유는 무엇인가?

가스라이터와 관계를 유지하려면 그가 당신의 연인이건 형제이건 부모이건 동료이건 당신이 투표한 사람이건 어느 정도의 '인지부조화'가 요구된다. 당신의 믿음, 가치관, 그리고 그 사람에 대해 당신이 안다고 생각했던 것들과 전혀 상반되는 정보를 들었을 때, 인지부조화가 일어난다. 인지부조화 상태가 되면 우리는 다음 중 한 가지로 반응한다.

- 상반되는 정보를 무시한다.
- 상반되는 정보에 맞서 싸운다.
- 기존의 믿음과 가치관을 버리고 상반되는 정보를 믿는다.

그의 행동은 정상이라고 스스로를 설득했기 때문에 그를 참아주었을 수도 있다. 인지부조화 문제를 해결하는 가장 바람직한 방법은 당신의 믿음과 가치관에 맞는 본래 당신의 모습을 되찾기 위한 행동을 취하는 것이다. 그것은 대체로 가스라이터의 곁을 떠나거나 거리를 두는 것을 뜻한다. 이 책에서 우리는 그렇게 할 수 있는 건강한 방법들에 대해 알아볼 것이다.

심리적으로 건강한 사람들이 어떤 모습인지 잊었는가?

오랫동안 가스라이터의 곁에 있었다면 심리적으로 건강한 사람들이 어떤 모습인지 잊었을 수도 있다. 심리적으로 건강한 사람들은 이런 모습이다.

- 상대의 의사 표현을 독려한다.
- 자신의 생각을 솔직하게 말한다.
- 당신의 생각에 동의하지 않아도 여전히 당신을 지지한다.
- 당신으로 인해 상처받았다면 직접적으로, 그러나 친절하게 알려준다.
- 생각과 감정을 서로 나누며 친밀감을 느낀다.
- 서로를 신뢰한다.
- 정직하고 진정성 있게 행동한다.

그렇다면 이제 어떻게 해야 할까?

이 책 전반에 걸쳐 우리 삶에서 가스라이터의 영향력을 줄여나가는 방법을 알아볼 것이다. 여기서 제시하는 수많은 방법들은 결국 한 줄로 요약될 수 있다. **최대한 멀리 달아나라.** 가스라이터들은 너무도 약삭빠르고 조종에 능하기 때문에 관계를 끊는 것이 최선이다. 관계를 완전히 끊는 것이 어렵다면, 과감하게 줄여라. 힘들어하는 모습을 절대 보이지 마라. 당신이 힘들어하는 모습은 가스라이터에게는 일종의 보상이다. 반응하지 않거나 따분해하면, 오히려 당신을 내버려둔다.

가스라이터에게 똑같은 방법으로 복수할 생각으로 소리를 지르거나 똑같이 조종하려 하는 경우도 있다. 단기간에는 이런 방식이 통해서 충격을 받은 가스라이터가 잠잠해질 수도 있지만, 속지 말기를. 그는 복수하러 돌아온다. 이것은 힘겨운 싸움이다. 그리고 그 싸움을 위해 당신이 치러야 하는 대가는 또 어떤가. 그런 식으로는 해결할 수 없다. 아무리 강한 유혹을 느끼더라도 가스라이터처럼 행동해서는 안 된다.

2

매혹적인 첫 만남에서부터
처절한 헤어짐까지

연인 사이에서 일어나는 가스라이팅

"그 사람이 바람피우는 걸 목격했는데, 이렇게 말하는 거예요. 우리가 일부일처제에 합의한 적은 없잖아?" -테드, 50

가스라이팅은 친밀한 관계에서 가장 흔하게 나타난다. 가스라이터는 상당히 매혹적이다. 그는 당신이 홀딱 반하게 만들고는 어느 순간 낭떠러지로 떠민다. 초기의 유혹이 너무도 강렬해서 관계가 파탄 나더라도 그가 아닌 당신 자신을 비난하거나 예전의 그 완벽한 사람을 되찾고 싶다는 생각이 드는 것은 당연하다.

그러나 상대가 가스라이터인 경우, 그런 일은 절대 일어나지 않는다. 초기의 매혹은 그걸로 끝이다. 그 멋진 사람을 되찾는 것은 불가능하다. **그런 사람은 애초에 존재하지 않는다.**

서문에서 언급한 바와 같이 남녀 모두 가스라이터가 될 수 있다. 실제로 가스라이터는 성별에 상관없이 고르게 분포되어 있다.

우리가 가스라이팅을 '남성 스포츠'라고 생각하는 이유는, 남자들은 자신을 정신적으로 학대하는 여자에 대해 얘기하기를 꺼려하거나 수치스러워하기 때문이다. 설령 남성들이 어렵사리 용기를 내어 그 사실을 털어놓더라도 사람들이 잘 믿어주지 않는다.

이러한 편견을 바로잡는 것도 이 책의 목표에 포함되어 있다. 여성에게 가스라이팅 당하는 남성도 여성과 똑같이 위로와 격려를 받아야 한다! 성소수자들 간에도 가스라이팅이 일어나는 것은 말할 것도 없다.

가스라이터들과의 연애는 온갖 시끄러운 사건들로 가득 차 있다. 너무 소란스러워서 듣는 사람 낯이 뜨거울 정도다. 그러나 가스라이터에게 반했다고 수치심을 느낄 필요는 없다. 총명하고 성공적이며 다른 면에서는 판단력이 뛰어난 사람도 가스라이터가 초기에 발산하는 매력에 쉽게 넘어간다. 이 장에 수록된 방법과 통찰력으로, 현재 당신이 사귀고 있는 사람이 가스라이터인지 식별하는 것은 물론이고 거기서 빠져나오는 방법까지 깨닫게 될 것이다.

가스라이터와의 관계는, 일단 가스라이터가 행동을 개시하면 바람 잘 날이 없다. 대체 당신이 뭘 어쨌다고 저렇게 펄펄 뛰는지 당신은 알 수가 없다. 뭐가 문제인지 도무지 납득할 수가 없다. 인터넷을 검색해보아도 답을 찾을 수가 없다. 가족과 친구들은 당신을 걱정하기 시작한다. 그리고 가스라이터는 당신의 가족과 친구가 도움이 되지 않는다고, 그들에게서 벗어나야 한다고 말한다. 물론 이것은 가스라이터의 올가미일 뿐이다.

그토록 아름다웠던 연애가 어떻게 이렇게 막장이 될 수 있냐고? **가스라이터는 사람을 낚아챘다가 패대기치는 데 선수다.** 가스라이터는 제대로 한 방 먹일 줄 안다. 지금까지 당신이 한 번도 경험해보지 못한 방식으로.

그건 당신 잘못이 아니다

"지금까지 난 그 사람이 이런 식으로 나오는 게 내 잘못이라고 생각했어요."-샤메인, 28

"아내가 저러는 게 내 탓이 아니라고요?"-존, 43

내담자들에게 그건 당신 잘못이 아니었다고 말하면 그들은 대체로 엄청난 안도감을 느낀다. 배우자의 행동이 자기 탓이라고 생각하는 것은 지극히 자연스러운 일이다. **만약 제가 좋은 남편이었다면 아내가 그런 식으로 행동하지 않았겠죠.** 가스라이터와의 관계에서 가스라이터가 자신의 행동을 당신 탓이라고 비난하는 것 역시 지극히 자연스러운 일이다. 그것은 그들이 즐겨 쓰는 기술, 투사이다.

본인이 바람을 피우면서 배우자가 바람을 피운다고 끊임없이 의심하는 것도 가스라이팅 투사의 좋은 예다. 가스라이터는 이렇게 말할 것이다. "당신하고 그 직장 동료, 둘 사이에 뭔가 있는 거 알아." "당신이 그놈한테 꼬리치는 거 봤어." "친구들 만나러 갈 때 야한 옷 입고 가던데, 누구 좋은 사람이라도 만났어?" 하지만 정작 몰래 바람을 피우는 사람은 가스라이터 자신이다.

가스라이터는 진실을 거꾸로 뒤집는다. 이 점을 조심해야 한다. 배우자나 연인의 형편없는 행동과 태도를 자신의 탓이라고 생각하고 있다면, 다른 관점에서 생각해보기 바란다.

가스라이터와 섹스

가스라이터는 관계 초기에 로맨틱한 행동을 하고 당신에게 공감하는 척하지만 그 모습은 오래가지 않는다. 그들은 곧바로 섹스에 있어서 일방적인 태도를 취한다. 가스라이터에게 섹스는 당신이 아닌 그 자신의 쾌락이다. 당신은 우연히 그 자리에 있을 뿐이고 절정으로 가기 위한 수단일 뿐이다. 머지않아 당신은 사랑받고 존중받는 연인이라기보다는 물건 취급을 당한다.

가스라이터는 명시적으로 혹은 암묵적으로 섹스의 '규칙'을 정하곤 한다.

- 그가 원할 때 당신은 항상 준비되어 있어야 한다.

- 당신이 원할 때엔 그가 거부한다.

- 섹스를 거부하는 것으로 당신을 벌주려 한다.

- 당신이 오랄 섹스를 원하면 노력해서 얻어내야 한다.

- 그가 원하는 대로 해주지 않으면 당신을 무시한다.

- 당신이 외모에 변화를 주면 성적으로 더 매력을 느낄 것 같다고 말한다.

- 당신이 쾌감을 느끼지 못해도 신경 쓰지 않는다.

- 당신이 고통을 느껴도 신경 쓰지 않는다.

당신이 가스라이터가 원하는 특정 행위를 거부하면 가스라이터는 어떻게든 하게 만들려고 당신을 압박한다. 그의 압박은 "당신 잘하잖아"라는 말에서부터 섹스 혹은 특정 행위를 억지로 하게 만드는 것에 이르기까지 다양하다.

가스라이터는 섹스를 거부당하는 상황을 잘 받아들이지 못한다. 그는 당신을 벌주기 위해 다시는 먼저 섹스를 주도하지 않을 거라고 말한다. 그런 식으로 당신이 어떻게 처신해야 하는지 '가르치려' 한다.

가스라이터와 불륜

존은 마흔세 살이고 자신의 사무실에 제인이라는 여자를 비서로 채용했다. 존의 아내 마리는 존과 제인이 바람을 피우고 있다고 확신했다. 존은 두 사람은 동료관계일 뿐이라고 단호하게 말했고 아내가 왜 불륜을 의심하는지 이해할 수 없었다. 마리는 제인을 사이버스토킹하고 그녀에게 협박전화를 했다. 결국 제인이 마리의 접근금지명령을 신청하기에 이르렀다. 마리는 육체적으로도 존을 학대했다. 한번은 꽃병을 던져서 존의 머리를 다치게 할 뻔했다. 그 일을 두고 제인은 자기가 정말 그를 다치게 하고 싶었다면 머리 쪽으로 더 가까이 던졌을 거라고 말했다. 마리는 제인이 여러 차례 전화해서 자신에게 두 사람의 불륜에 대해 실토했다고 존에게 거짓말을 했다. 제인이 무슨 얘기를 했냐고 존이 물으면 "말해줄 수 없어. 하여간 난 확실히 알았어"라고만 대답했다. 존은 마리가 통제 불능 상태로 치닫게 된 것이 자기 탓이라고 생각했다. 마리의 행동은 너무도 극단적이었고 자신이 뭔가 단단히 잘못하지 않고서야 마리가 그렇게 될 리가 없다고 생각했다.

마리의 행동은 질투라기에는 조금 지나친 면이 있다. 마리는 남편이 자신의 곁에 있지 않을 때 남편에 대한 자신의 영향력을 유지하기 위해, 제인과 존을 가스라이팅하고 있었다.

설령 존이 실제로 바람을 피우고 있었다 해도 마리의 행동은 지나치다. 건강한 사람이라면 배우자가 배신했다는 이유로 스토킹을 하거나 괴롭히며 복수하지 않는다. 존은 누나의 권유로 몇 달간 개인 상담 치료를 받았다. 존은 자신이 학대적인 결혼생활을 견디고 있음을 깨닫고 마리를 떠나기로 결심했다. 존이 집을 나간 뒤로 마리는 존과 일절 대화를 하지 않았다. 이혼 절차는 변호사에게 일임했다. 나중에 존은 새로운 사람을 만날 때 자신이 조심해야 할 적신호를 미리 알아두고 싶어서 상담 치료를 받았다.

브라이언은 한 달 전부터 사라의 퇴근 후 귀가시간이 늦어지고 있음을 알아차렸다. 사라는 보통 7시쯤에 집에 왔는데 최근 들어 9시에 오고 있었고, 전화나 문자를 해도 답을 하지 않았다. 브라이언은 한 달을 더 기다렸다가 사라에게 회사에 무슨 일이 있냐고 물었다. 심지어 혹시 누굴 만나는 건 아니냐고 단도직입적으로도 물었다. 브라이언은 좀 더 일찍 물어보고 싶었지만 사라가 싸늘해져서 그와 말을 섞지 않을까 봐 두려웠다. 사라는 전에도 몇 번 그런 적이 있었다.

사라는 그게 대체 무슨 소리냐고, 자긴 늘 같은 시간에 집에 온다고 우겼다. 사라는 브라이언의 정신 상태가 의심스럽다며, 오히려 그가 바람을 피우는 게 아닌지 의심하던 차였다고 했다. 그 뒤로 브라이언은 다시는 사라의 늦은 귀가를 문제 삼지 않았지만, 그러면서도 의심을 떨쳐버릴 수는 없었다. 브라이언은 사라의 말이 옳을지도 모른다고 스스로를 설득했다. 어쩌면 사라는 늘 그 시간에 집에 왔을지도 모른다는 생각도 들었다.

사라는 브라이언에게 상담 치료를 받아보라고 했다. 왜 그렇게 자길 괴롭히는지 알아보라고 했다. 사라는 브라이언과 한 번 상담에 참여했는데 상담이 시작되자마자 발끈하면서 상담사에게 브라이언이 대체 왜 이러는지 모르겠지만 이 문제를 해결하지 않으면 그를 떠나겠다고 말했다.

이후 사라는 술 냄새를 풍기며 집에 돌아오기 시작했다. 브라이언은 사라에 대한 의심을 떨쳐내려 애썼다. 어느 날 밤, 브라이언은 사라가 은밀한 통화를 하는 것을 보았다. 브라이언이 따지자 사라는 바람을 피우는 게 아니라고 우겼다. 마침내 사라의 직장 동료의 부인이 브라이언에게 연락을 했고 브라이언은 그제야 사실을 알게 되었다. 사라와 직장 동료는 6개월 이상 불륜관계를 이어가고 있었다. "당신이 더 훌륭한 남편이었다면, 내가 한눈을 팔지 않았겠지." 사라가 떠나며 마지막으로 브라이언에게 남긴 말이었다. 브라이언이 처음 사라를 만났을 때 사라는 남자 친구와 동거하고 있다고 고백했다. 브라이언은 그때 사라와 깔끔하게 헤어지지 못한 것이 후회스러웠다. 이제 와 생각해보니, 사라가 그의 집으로 들어오기로 했을 때 브라이언은 사라를 쟁취했다는 생각에 우쭐했던 것 같았다. 그러나 사라가 남자 친구가 있는 상태에서 자신과 바람을 피우고 새로운 관계를 시작한 것이 바로 적신호였음을 알게 되었다. 브라이언은 앞으로는 중대한 결정을 내리기 전에 그런 경고를 놓치지 말아야겠다는 생각이 들었다. 그리고 자신이 왜 사라 같은 여자에게 끌렸는지에 대해서도 생각해보기로 했다.

가스라이팅 생존자들의 이야기를 듣고 또 듣다 보면 몇 가지 특징을 발견할 수 있다.(Sarkis 2017) 가스라이팅을 하는 연인이나 배우자에게는 다음과 같은 특징이 있다.

- 가스라이터가 바람을 피우다가 들켜도 그의 연인이나 배우자는 가스라이터의 폭력 혹은 보복이 두려워 그 사실을 문제 삼지 않는다.
- 과거에도 바람을 피운 전력이 있다.
- 자신의 불륜 사실을 자랑처럼 떠벌리고, 배우자가 그 사실을 문제 삼지 않을 거라고 비교적 확신한다.
- 자신의 불륜을 배우자에게 투사한다. 이것은 가스라이터 자신의 불륜으로부터 주위를 분산시키는 효과가 있다.
- 자신의 불륜이나 약물중독을 감추기 위해 일과와 행동을 바꾸고 그 점에 대해 추궁하면 그 변화 자체를 부정한다.
- 가스라이터는 연인이나 배우자가 조금이라도 거슬리는 행동을 하면 과한 반응을 보이며 스토킹과 협박을 하기도 한다.
- 함께 상담 치료에 참여하면 상담 치료사에게 전부 다 배우자의 잘못이라고 말하고 결혼생활이 지속되려면 배우자가 '시

정'되어야 한다고 암시하거나 노골적으로 말한다.

- 관계 초기에 적신호를 보내지만 연인이나 배우자가 그 신호를 인지하지 못하거나 외면하기로 작정한다.

- 가스라이터 자신의 불륜이 배우자 탓이라고 비난한다. 배우자가 자신의 욕구를 충족시켜주지 못했다고 주장하기도 한다.

- 가스라이터 자신은 절대 사과하지 않지만 연인이나 배우자에게는 사과를 기대한다.

- 가스라이터 자신이 부당한 대우를 받았다고 착각한다.

- 가스라이터가 고소당하거나 발각이 되면 곧바로 연인이나 배우자를 버리고 대화를 거부한다. 마치 더 이상 존재하지 않는다는 듯이.

그 누구도 배우자나 연인이 바람을 피우게 '만들' 수는 없다. 이 사실은 아무리 강조해도 지나치지 않다. **그가 바람을 피운 것은 당신 탓이 아니다.** 본인의 자유의지로 바람을 피운 것이다. 그는 다른 선택을 할 수도 있었다. 우려되는 부분에 대해 이야기할 수도 있었고, 부부 상담을 받을 수도 있었고, 심지어 당신과의 관계를 정리할 수도 있었다. 바람을 피운 것은 오직 그 자신의 선택이었다.

그가 뭐라고 하건, 당신이 부족해서 그가 바람을 피운 게 아니라는 사실을 기억하는 건 중요하다. 그가 바람을 피운 이유는,

가스라이터들은 항상 새로운 것을 찾고 관심을 갈망하기 때문이다. 설령 당신이 '모든 면에서 완벽한' 사람이라고 해도, 그게 어떤 의미인지는 모르겠지만, 가스라이터들에겐 여전히 채워지지 않는 결핍이 있다. 어차피 그들은 자신의 불륜이 당신 탓이라고 할 것이다.

가스라이터는 자신의 행동에 책임을 지지 않는다. 그는 항상 다른 사람이 잘못했다고 믿는다. 그에겐 연민도 가책도 없다. 앞서 언급했던 자아 동조적 행동의 한 예라고 말할 수 있다.

가스라이터 연인이나 배우자가 바람을 피우고 있다는 걸 알게 되었다면 성병에 걸렸는지 확인해보기 바란다. 말을 어떻게 하건, 가스라이터는 당신의 건강에 신경을 쓰지 않는다. 그가 바람을 피울 때 보호 장비를 착용하지 않았을 확률이 높다. 그는 당신 생각을 눈곱만치도 하지 않는다.

애정 공세, 후버링, 그리고 철벽치기

엘사는 마이클에게 첫눈에 반했다. 첫 만남에서 마이클이 엘사에게 말했다. "이런 말 하기엔 좀 이르다는 건 알지만, 난 우리가 아주 오래오래 함께할 것 같아요." 마이클은 엘사에게 선물을 사주고 여행을 데려가면서 "이런 감정은 처음이에요"라고 말했다. 마이클은 만난 첫 주에 결혼과 아이에 대해 얘기했다. 마이클의 사랑에 엘사는 하늘을 나는 것 같은 기분이었다. 엘사는 마이클과 늘 함께 있었고 다른 친구들은 아예 만나지 않았다. 마이클이 엘사의 친구들이 그녀에게 '나쁜 영향'을 준다면서 그들과 함께 있지 않을 때 더 행복해 보인다고 했기 때문이었다. "그런 사랑을 받아보긴 처음이었어요. 날 여왕처럼 떠받들었지요."

'꿈결 같은' 몇 달이 지난 뒤 엘사는 마이클의 '철벽치기'를 경험했다. 마이클은 그녀의 말을 완전히 무시했고 엘사는 뭘 잘못했는지조차 알지 못했다. 엘사는 이 상황을 이해하려고 머리를 쥐어짰다. 마이클이 전화도 받지 않았고, 그래서 엘사는 더 걱정했고 더 전화했다.

엘사의 언니는 마이클에게 연락을 하지 말고 그가 연락할 때까지 기다려보라고 했다. "저한텐 그게 세상에서 가장 힘든 일이었어요. 제가 대체 뭘 잘못했는지 모르겠으니까요." 엘사는 인터넷에서 연인이 자신을 무시할 때 어떻게 대처해야 하는지에 관한 글을 검색하며 그의 전화를 기다렸다.

2주 후 마이클이 문자를 보냈다. "네 자전거 여기 있어"라는 내용이었다. 엘사는 갑자기 가슴이 두근거렸고 속이 울렁거렸다. 엘사는 곧바로 답장했다. "괜찮아? 어디 있어?" 마이클은 그 문자도 씹었다. 한참을 펑펑 울고 나서 그녀가 마이클에게 문자를 했다. "나 더 이상은 못 하겠어. 도저히 이해가 안 가."

몇 시간 뒤 누군가가 현관문을 두드렸다. 마이클이 자전거와 꽃을 들고 서 있었다. "같이 자전거를 타자고 하더라고요. 지금 당장. 영 찜찜했지만, 그래도 그냥 따라나섰어요." 자전거를 타는 동안 마이클은 자신이 잠적했던 것, 연락을 하지 않았던 것에 대해서는 일절 말을 하지 않았다. 대신 같이 살자고 했다. "마치 아무 일도 없었다는 듯이 그러더라고요. 그래서 그냥 좀 혼자 있고 싶었나 보다, 생각했어요."

그들이 화해하고 나서 두 달 뒤, 마이클이 또다시 잠적했고 두 사람의 관계는 그런 식으로 2년간 지속되었다. "잠적기 사이의 시간은 갈수록 악화되었어요. 내가 '허니문'이라고 불렀던 시간도 더 이상은 없었어요. 마이클은 자기 집에 들어와 살라고 했다가, 내가 '심리적으로 너무 불안정해서' 마음을 바꾸었다고 했어요. 마치 언젠가는 좀 더 진지한 관계로 발전할 수 있을 것처럼 희망을 주면서 날 붙잡아두었죠. 그러다가 어느 순간 또다시 무너지기 시작했어요."

엘사는 마이클에 대해 이렇게 말했다. "마이클은 스펙이 좋은 남자였어요. 똑똑하고 학벌 좋고 재미있고… 하지만 생각해보면, 처음부터 적신호가 있었어요. 마이클은 몇 년 전에 형제자매들과 절연했고, 동료들 때문에 자기의 승진이 막혔다고 말했어요. 그리고 시간이 지날수록 날 점점 더 비난했어요. 심지어 내가 바꿀 수 없는 내 가족들까지도."

애정 공세

가스라이터는 당신이 완전히 걸려들 때까지 자신의 병적인 측면을 기가 막히게 잘 숨긴다. 연인이 처음 대놓고 거짓말을 할 때, 당신이 잘못 들었을 거라고 생각했을 것이다. 당신에게 이토록 지극정성으로 애정을 쏟아붓는 사람이 그럴 리가 없기 때문이다. 그러나 분명히 그는 거짓말을 했고 앞으로도 계속 뻔뻔하게 거짓말을 할 것이다. 그 사람 없이는 제대로 살 수 없을 것 같은 기분이 들 때까지 가스라이터는 당신의 현실 감각을 망가뜨린다.

애정 공세는 당신을 걸려들게 하기 위한 가스라이터의 수법이다. 엘사와 마이클의 경우처럼. 마이클은 엘사에게 온갖 선물을 사주고 두 사람이 함께할 미래에 관해 그녀가 듣고 싶어 하는 모든 말을 해주었다. 엘사는 마이클에게서 장래에 대한 약속을 받아내는 데 집중했다. 가스라이터가 애정 공세를 퍼부으면, 빠져나가기가 힘들다. 당신은 쏟아지는 관심에 취한다. 그것은 지금껏 당신이 경험한 그 무엇과도 다르다. 당신이 꿈에 그리던 그 사람을 드디어 만났다는 생각이 들 것이다. 누군가가 그렇게 떠받들어줄 때의 기분은 너무도 짜릿하다. 그러나 결국 당신은 그곳에서 떨어진다. 추락의 길은 너무도 고통스럽다.

후버링

"내가 사과를 요구했어요. 그런데 심지어 그때조차도 '네가 그

렇게 예민하다니 유감이야'라는 식이었어요." -리즈, 60

가스라이팅에서 우리는 '후버링Hoovering'이라는 용어를 사용한다. 당신이 멀어진다 싶을 때, 가스라이터가 당신을 다시 흡입하는 방식을 묘사하는 말이다. (이 단어는 동명의 진공청소기에서 유래되었다.) 마이클이 연락을 끊은 뒤 엘사가 그에게 연락하는 것을 중단하자, 마이클은 갑자기 나타나서 같이 살자고 말한다. 가스라이터는 자신이 버림받을 것 같은 낌새가 보이는 순간, 흡입 작업에 착수한다. 그리고 당신을 꽉 움켜잡기 위해 전면적으로 압박해온다.

가스라이터들에게 버림받는 것보다 더 두려운 것은 없다. 그들에게 이것은 '자기애 손상'이다. 가스라이터에게는 결코 채워지지 않는 욕구가 있는데, 그것은 바로 관심 욕구다. 아무리 노력해도 당신은 결코 가스라이터의 욕구를 충족시킬 수 없다. 그들은 항상 그 허전함을 채워줄 무언가를, 누군가를 찾는다. 가스라이터가 관심을 쏟아부을 다른 대상을 찾는 순간, 그들은 당신을 헌신짝처럼 버린다. 그런 일을 당하면 가슴이 찢어지고 혼란스럽다. 가스라이터의 가면이 벗겨지고 그 이면에 감추어진 본 모습을 보는 순간, 당신은 깜짝 놀란다.

애초에 가스라이터의 불안정한 면을 간파하지 못한 자신을 책망하는 것은 지극히 자연스러운 일이다. 그러나 명심하라. **가스라이터는 '정상적인' 사람인 척하는 데 뛰어나다.** 사실 '애정 공세'

는 대부분의 평범한 사람들이 데이트를 시작할 때 하는 행동의 확대판일 뿐이다. 그러나 건강한 관계의 경우 두 사람이 각자의 정체성과 행동 패턴을 유지한다는 점이 다르다. 한 사람이 다른 사람을 원하는 것이지 '필요로 하는 것'이 아니다. 그에 비해 가스라이터의 구애는 거의 극단적인 수준이다. 가스라이터는 자신이 만들어낸 완벽한 사람에게 당신이 빠지기를 바란다. 그의 이면에 숨겨진 불안정한 사람을 당신이 보는 것은 원치 않는다.

가스라이터는 후버링으로 당신을 다시 끌어오기에 충분한 무언가를 준다. 당신이 좋아할 만한 무언가를, 확실한 약속은 아닐지언정 제안의 형식으로 내놓는다. 관계 초기에 두 사람이 결혼에 관한 이야기를 나누었고, 당신이 결혼 얘기를 꺼낼 때마다 흐지부지됐다면, 철벽을 치고 난 이후 가스라이터는 이제 준비가 된 것 같다고 말한다. 엘사의 경우에는 마이클이 같이 살자고 제안했다. 그러나 명심하라. 그 계획은 결코 실현되지 않는다. **가스라이터는 당신이 원하는 것을 약속해주면 당신이 다시 돌아온다는 것을 알고 있을 뿐이다.**

가스라이터는 종종 물건을 이용하여 연인을 끌어오기도 한다. 그는 당신의 물건을 자기가 갖고 있다며 문자나 이메일을 보낸다. "당신 물건 나한테 있어. 와서 가져가든지 아니면 중고시장에 내다 팔 거야." 혹은 "당신 의자 / 자전거 / 옷 필요하지 않아?" 당신에게 물건만 돌려주는 게 목적이 아니라는 것을 명심하

라. 이것은 단지 다시 연락을 재개하기 위함일 뿐이다.

가스라이터가 육체적 접촉을 원하는 것도 후버링과 관련이 있다. 그와의 섹스가 생애 최고였다고 해도 너무 놀라지 마라. 마치 당신과 어딘가 통하는 사람인 것처럼 느껴질 것이다. 당신이 갈망했던 육체적 관계를 제공하는 것도 가스라이터가 당신을 다시 끌어오기 위한 또 하나의 방편일 뿐이다. 오래 안 간다.

가스라이터와의 관계에서 가장 혼란스러운 대목이 있다면, 모든 학대적인 관계가 그렇듯이 그가 항상 나쁜 건 아니라는 점이다. 가스라이터가 후버링을 하면 사실 기분이 상당히 좋다. 관계 초기에 그 사람이 했던 행동들만큼이나 좋다. 그런 상황에 처했을 때 후버링이 곧 끝난다는 사실을 기억하기란 쉽지 않다. 그러나 그게 사실이다. 후버링은 결국 끝난다.

다른 모든 가스라이팅 기술과 마찬가지로 가스라이터의 행동 패턴을 읽고 당신이 가스라이팅을 당하고 있다는 걸 깨닫는 게 중요하다.

철벽치기

'철벽치기Stonewalling'의 의미를 설명하지 않고 이 장에서 이미 몇 번을 사용했다. 철벽치기는 가스라이터가 자신의 행동을 들키거나 자신이 '부당한 대우'를 받았다고 생각할 때, 혹은 대화하지 않는 편이 자신에게 유리하다고 생각할 때 그들이 감행하는 잠적, 혹은 연락 두절 상태를 뜻하는 말이다. 한 집에 살지 않는다면 그를 볼 수 없거나 소식을 듣지 못한다. 그는 문자나 전화에 답하지 않는다. 소식을 듣지 못하는 시간이 길어질수록 당신은 점점 더 초조해진다.

가스라이터가 자신의 침묵으로 인해 당신이 괴로워하는 것을 불편해할까? 천만의 말씀이다. 그의 행동으로 당신이 화가 나면 그는 오히려 좋아한다. 가스라이터와 같이 살고 있다면 철벽치기는 더 악랄해진다. 당신이 바로 눈앞에 있을 때조차도 마치 당신이 존재하지 않는 것처럼 행동한다.

철벽치기에 대한 최선의 대처는 무엇이냐고? 당신도 침묵해라. 그들의 행동에 괴로워하지 마라. **그들은 반응을 원한다. 그들에게 그것을 주지 마라.** 그들의 행동이 당신의 삶에 아무런 영향을 주지 않는다는 듯 일상을 이어가라. 왜냐하면 실제로 아무 영향도 없기 때문이다. 기억하라, 가스라이터는 실제로 당신에 대한 그 어떤 권한도 없다.

가스라이터와의 관계에서 벗어나기

"그 사람을 떠나지 않고 오히려 그 사람 편을 들었어요. 그 사람이 나한테 무슨 짓을 하고 있는지 전혀 몰랐거든요. 엄청 똑똑한

사람이라 경찰을 따돌리고 날 스토킹할 정도였어요." -데이지, 50

"헤어지기가 너무 힘들어요. 정말 힘들어요. 남들 보기엔 쉬울 수도 있겠죠. '널 쓰레기 취급하잖아. 끝내'라고 말하겠죠. 하지만 어느 순간부터 그 사람 없이는 못 살 것 같다는 생각이 드는 거예요." -위니, 53

가스라이터와의 관계를 끝낼 생각이거나 이미 끝냈다면 반드시 상담을 받아야 한다. 어쩌면 당신은 소외감을 느끼고 무기력하고 초조하고 우울할 것이다. 이것은 학대했던 사람을 떠날 때 우리가 느끼는 공통적인 감정들이다. 가스라이터를 떠난 뒤에도 한동안 이런 감정들을 느낄 수 있다. 당신은 자아개념, 자긍심, 그리고 당신의 삶을 재건해야 한다.

힘든 일인 건 알지만 당신을 아끼는 사람으로서 조언한다. 가스라이터와 사귀고 있다면, 그와의 관계를 끝내라. 그것은 학대적 관계이고, 앞으로도 나아지지 않는다. 거기서 빠져나와라. 제발, 제발, 제발, 친구와 가족의 도움을 얻어서, 다음의 절차를 밟아라.

- 메일 수신 거부 설정을 하라. 그의 모든 메일을 차단하라.
- 그의 모든 문자와 전화를 차단하라.
- 그의 친구들의 전화를 차단하라.
- 그의 부모의 전화를 차단하라.

- 소셜 미디어의 친구 명단에서 그를 삭제하고 차단하라.
- 당신의 행동이나 근황을 가스라이터에게 알릴 수 있는 사람들은 전부 다 친구 명단에서 삭제하라.
- 여건이 된다면 그와 만날 확률이 적은 동네로 이사하라.
- 이사가 어렵다면 그가 자주 가는 장소를 피하라.

당신은 그와의 관계를 끝내야 한다. 가스라이터와의 관계는 오직 악화될 일만 남았다. 어쩌면 당신을 두고 바람을 피운 그에게서 아직은 성병이 옮지 않았을 수도 있다. 그러나 앞으로도 그럴까? 당신이 계속 그의 곁에 머문다면 그런 일은 언제든 일어날 수 있다. 뿐만 아니라 가스라이터는 자신의 배신 행위에도 당신이 떠나지 않는다는 증거를 확보하는 셈이다. 결과적으로 그는 더 바람을 피울 것이다.

가스라이터를 떠나는 것은 참으로 힘겨운 과정이다. 어쩌면 지금은 거의 불가능한 일처럼 느껴질 수도 있다. 일단 가스라이터를 떠나고 나면 마음이 편할 거라고 생각할 수도 있지만, 오히려 그와의 관계를 통틀어 가장 끔찍한 두통이 시작될 것이다. 내가 어떻게 그렇게 감쪽같이 속았을까? 남자들은, 혹은 여자들은 다 이런가? 그 대답은, 그렇지 않다는 것이다. 모든 남자들이, 모든 여자들이 그런 건 아니다.

밝은 미래가 당신을 기다리고 있다. 그와의 관계는 영혼을 채워주지 않고 더 나은 사람이 되는 데 도움이 되지도 않는다. 그는 당신의 에너지를 고갈시키고 우울과 불안을 가중시킬 뿐이다. 그와의 관계가 시작되면서 당신은 딴 사람이 되었다. 예전의 그 총명하고 활기 넘치던 모습으로 돌아가고 싶지 않은가? 당신은 할 수 있다.

날아다니는 원숭이를 조심하라

일단 가스라이터를 떠나고 나면, 당신을 돕는답시고 친구나 가족이 다가와 가스라이터에게 한 번 더 기회를 줘야 한다고 말할 수도 있다. 심지어 당신이 매사에 너무 예민하고 힘든 사람인 건 사실이라고 말하는 사람도 있을 것이다. 가스라이터가 그들에게 접근해서 그렇게 말하도록 종용했을 가능성이 높다. 자발적으로, 혹은 부지불식간에, 가스라이터의 명령에 따라 움직이는 사람들을 '날아다니는 원숭이'라고 부른다. 이 말은 《오즈의 마법사》에서 서쪽 마녀를 보필하는 날개 달린 동물들을 칭하는 말에서 유래되었다. 가스라이터는 당신의 죄책감을 자극해서 관계를 복원하기 위해 전령을 보낸다. 날아다니는 원숭이가 흔히 하는 말로는 다음과 같은 것들이 있다.

- 그 사람한테 한 번 더 기회를 줘야 한다고 생각해.
- 그 사람이 진심으로 그런 말을 했을 것 같진 않아. 알다시피 너도 좀 유난스러운 면이 있는 건 사실이잖아.
- 그 사람 지금 진짜 화난 것 같더라. 전화 한번 해보는 게 좋을 것 같아.
- 네 물건 다 내다버리겠대.
- 너희 두 사람 진짜 잘 어울렸는데.
- 그 사람 자기한테 꼭 맞는 완벽한 사람 만난 것 같더라.

좋은 뜻으로 당신을 도우려는 것일 수도 있다. 그러나 무슨 일이 있어도 그들에게 가스라이터에 대해 얘기하지 마라. 날아다니는 원숭이가 가스라이터 얘기를 꺼내면 바로 차단하라. 극단적인 상황에 처하게 되면 날아다니는 원숭이들과도 연락을 끊어야 할 수도 있다.

반려동물을 살펴라

가스라이터와 함께 반려동물을 키우고 있었다면 두 사람이 함께 키우기로 했어도 반드시 당신이 데려와라. 반려동물이 위험하다. 가스라이터는 당신을 돌아오게 하는 도구로 반려동물을 이용한다. 때로는 복수를 하거나 관심을 끌기 위해 반려동물을 해치기도 한다. 반려동물을 돌려주지 않겠다고 하면 경찰이나 변호사와 연락을 취하라.

가스라이터가 이미 당신의 반려동물을 학대했을 가능성도 있다. 1장에서 언급했듯이 가스라이터는 다른 생명체의 감정이나 고통에 대한 배려가 거의 없다. 반려동물을 가스라이터에게 맡기지 마라. '사고로' 잃어버리거나 죽었다고 말할 수도 있다.

반려동물이 원래 가스라이터의 소유였다면 데려오지 못할 수도 있다. 그러나 당신이 목격했거나 의심되는 동물 학대를 신고할 수는 있다. 가스라이터가 당신의 반려동물에 대한 '양육권'을 과시하더라도 놀라지 마라.

힘든 일이라는 거 안다. 하지만 그래도 헤어져야 한다.

헤어지는 게 맞는지 잘 모르겠다면?

그와 헤어지는 게 맞는지 잘 모르겠다면, 잠시 멈추고 당신이 존경하는 한 사람을 떠올려보자. 가족 중 한 사람이어도 좋고 당신이 한 번도 만나본 적 없는 사람이어도 좋다. 당신의 현재 상황에 대해 그 사람이 뭐라고 말할 것 같은가? **당신과 똑같이 곤경에 처한 친구가 있다면 당신은 어떤 말을 해주겠는가? "헤어져!"라고 말할 것이다.**

그와의 관계를 통해 당신이 무엇을 배웠는지 생각해보자. 이 관계의 긍정적인 측면과 부정적인 측면은 무엇인가? 앞으로 1년 뒤, 두 사람은 어떤 모습일까? 5년 뒤에는? 1년 뒤 그와 함께하는 당신의 모습이 그려지지 않는다면, 지금 빠져나와야 한다.

당신의 욕구는 충족되고 있는가? 가스라이터의 욕구를 충족 시키려 애쓰며 너무 긴 시간을 보냈다면, 당신 자신의 욕구가 무엇인지조차 기억하기 어려울 수도 있다. 연인관계에서 기대할 수 있는 건강한 욕구에는 다음과 같은 것들이 있다.

- 상대가 내 말을 들어주는 것
- 아무 거리낌 없이 나 자신의 모습이 되는 것
- 육체적인 사랑
- 안전
- 존중

그와의 관계가 당신의 핵심적 가치관에 부합하는가? 긴 시간 동안 가스라이팅을 당했다면 당신의 가치관과 의견이 무엇인지 확실치 않을 수도 있다. 가스라이터가 당신의 자신감을 훼손시켜서 어느 순간부터 당신이 무엇을 지지하고 믿는 사람이었는지 흐릿해졌을 것이다. 가스라이터와 오랜 시간 관계를 유지하다 보면 그런 혼란을 느끼는 것이 당연하다.

한 인간이 소중히 여기는 가치에는 다음과 같은 것들이 포함된다.

- 정직
- 친절
- 안전과 안정
- 남을 돕는 것

　당신의 연인은 이것들 중 무엇으로 당신을 조롱했는가? 당신의 연인이 한심하고 쓸데없다고 해서 더 이상 즐기기 않는 일들은 무엇인가? 그 관계에서 빠져나와 다시 당신이 좋아하는 일을 해라. 좋아하던 일을 시작하면 당신의 본모습을 빠르게 되찾을 수 있을 것이다. 가스라이터가 한 말 때문에 당신과 소원해진 사람이 있는가? 다시 그들을 만나고 싶은가? 그러려면 일단 그 관계에서 빠져나와야 한다.

　관계를 끝내는 데에는 특별한 이유가 필요하지 않다는 사실을 기억하기 바란다. **품위 있게 헤어지겠다는 생각은 버려라.** 가스라이터와 품위 있게 헤어지는 것은 불가능에 가깝다. 그것은 고통스럽고 어려울 것이다. 그러나 결국 당신은 괜찮아질 것이다. 지금 당장은 아닐지라도, 가까운 미래는 아닐지라도, 결국엔 괜찮아질 것이다.

3

기억하라,
그것은 사랑이 아니다

가스라이터를 피하는 방법

"두 번째 만난 날, 예전 결혼생활이 얼마나 좋았는지 애기하더라고요. 그래서 물었죠. 그런데 왜 헤어졌냐고. 그건 내가 알 바 아니래요. 그게 하나의 단서였어요."-매기, 27

"난 남을 조종하기 좋아하는 사람들만 자석처럼 끌어당겨요. 내가 너무 순진하고 사람들을 좋게만 보려고 해서 그런 것 같아요. 그러니 항상 그들이 이기죠."-바네사, 24

가스라이터를 사귀기 전에도 몇 가지 신호를 알아챌 수 있다. 실제로 그들은 연애 초기에 그와의 관계가 당신에게 어떤 파국을 불러올지, 당신이 알아야 할 거의 모든 것을 알려준다.

한 가지 알아두면 유용한 정보가 있다면, 가스라이터들은 비교적 큰 도시에 사는 경향이 있다는 것이다. 가스라이터가 게임에서 승리하려면 익명성이 필요하다. 대도시에서는 그들의 나쁜 행동이 소문날 확률이 적다. 과거 연인과 부딪칠 확률도 상대적으로 적다. 물론 도시에 산다는 이유만으로 괜찮은 사람들까지 전부 다 피할 필요는 없다. 다만 이 정보는 알아두면 좋은 퍼즐 한 조각이다.

비교적 익명성이 보장되고 과거 연인과 부딪칠 확률이 적은 온라인 데이트는 가스라이터들에게 아주 유용하다. 그 외에 다른 이유도 있는데, 지금부터 그 이유들을 살펴보려 한다. 첫 데이트에서 유의해야 할 적신호에 대해서도 알아보고 가스라이터들이 어떻게 자신의 희생자를 선택하는지, 그들이 쉬운 먹잇감으로 여기는 사람들은 누구인지, 직감적으로 어딘가 이상하다는 느낌이 들었을 때 어떻게 대처해야 하는지도 살펴보자.

온라인 데이트

앱과 웹사이트는 이제 연애의 기본 공식으로 자리 잡았다. 요즘은 친구의 소개, 사교 모임, 술집, 동호회, 직장에서보다 인터넷에서 연인을 찾기 더 쉬워졌다. 당연한 일이다. 우리는 디지털 기기를 항상 손에 들고 다닌다. 더구나 온라인 데이트는 효율적이고, 어떤 면에서는 덜 두렵다. 실제로 만나 대화하거나 일대일로 교류하기 전에 어떤 사람인지 감을 잡아볼 수 있기 때문이다. 그러나 어디에나 부작용은 있게 마련이다. 온라인 데이트의 부정적인 측면으로는 가스라이터에게(그리고 다른 파렴치한들에게) 쉽게 표적이 될 수 있다는 점이다.

가스라이터들이 데이트 앱이나 웹사이트에 열광하는 것은 놀라운 일이 아니다. 프로필 상에서 그들은 원하는 대로 그 누구든 될 수 있기 때문이다. 그들은 당신이 듣고 싶어 하는 바로 그 말을 해준다. 온라인 데이트에서 가스라이터는 다른 방식이었다면 만나지 못했을 수많은 사람들(잠재적 희생자들)에게 접근할 수 있고, 상대의 프로필을 통해 약점의 단서들을 포착한다. 우리가 아무 생각 없이 방출하는 이러한 단서들을 인지하는 것이야말로 훌륭한 첫 방어가 될 것이다.

가스라이터가 당신을 선택한 이유

수많은 온라인 데이트 프로필 속에서 가스라이터는 왜 하필 당신을 선택했을까? 당신만 너무 아무 생각이 없었고 한심한 짓을 했다고 자책하지 말기를. 당신 혼자만 표적이 되는 경우는 거의 없다. 데이트 앱의 효율성 덕분에 가스라이터는 대체로 여러 명을 동시에 잠재적 표적으로 삼는다.

'희소성'은 가스라이터가 선호하는 전술이고, 온라인 데이트에서는 희소성 게임을 아주 수월하게 진행할 수 있다. 채팅을 주고받다가 어느 순간 그가 획! 하고 사라진다. 당신은 영문을 모른다. 당신에게 관심이 있긴 한 건지 대화 내용을 되짚어본다. 좀 가까워진다 싶으니 '밀당'을 하는 건지 궁금하다. 당신이 포기할 즈음, 가스라이터가 다시 나타난다. 그렇게 그는 자신의 희소성을 부각시키는 것이다.

만약 당신이 아무 일도 없었다는 듯 쿨하게 행동한다면 당신은 '테스트'를 통과한 것이다. 가스라이터는 계속 당신에게 연락할 것이다. 만약 "왜 내 메시지 무시했어요?"라고 묻거나 너무 많은 질문을 하면, 가스라이터는 아마도 불에 덴 듯 당신을 놓아버리고, 당신을 비난하고, 심지어 너무 질척거린다고 말할 것이다.

그런 당신의 반응을 통해 가스라이터는 훗날 당신이 호락호락하지 않을 확률이 높다고 판단한다. 가스라이터는 그런 사람을 원하지 않는다. 관계 초기의 모습을 보면 이후의 모습을 짐작할 수 있기 때문이다. 첫 데이트를 하기도 전에 자신이 잠적했던 이유를 설명하지 않는 사람이라면, 그 이후 교제 기간 동안은 어떻겠는가? **그런 식으로 잠적했다가 나타나는 사람에 대한 가장 좋은 대처는 더 이상 답하지 않고 그를 잊는 것이다.**

당신의 온라인 프로필에 다음의 내용이 포함되어 있는지 확인해보기 바란다.

- 오랫동안 독신이었다.

- 여러 번 결혼했다.

- 부유해 보인다.

- 사람들을 대체로 좋게 생각한다.

- 과거에 좋은 대우를 받지 못했다.

- 전 연인 혹은 배우자가 형편없는 사람이었다.

- 빨리 아이를 갖고 싶다.

- 어디에서도 잘 적응하지 못한다.

- 무모한 행동을 즐긴다.

- 제멋대로이거나 못됐거나 거칠다.

그렇다면 당신은 이마에 표적을 그려놓은 것이나 마찬가지다. 이런 것들이 바로 가스라이터들이 노리는 약점이기 때문이다. 가스라이터는 프로필에서 이런 면을 암시하는 사람이라면, 자신에게 쉽게 걸려들고 자신의 나쁜 행동에 대해서도 더 관대할 거라고 가정한다. 그리고 그들의 가정은 종종 옳다.

'프로필에 그런 내용을 넣는 사람이 어디 있어?'라고 생각할 수도 있다. 물론 프로필에 구구절절 얘기를 하지는 않을 것이다. 그러나 직접적으로 언급하지 않고도 사람들은 종종 자신에 관한 많은 정보를 암시적으로 드러낸다.

"이젠 좋은 사람을 만나고 싶어요."

= "그동안 좋은 사람을 별로 못 만났어요."

"더 이상 시간 낭비하고 싶지 않아요."

= "좋은 사람을 못 만날까 봐 걱정돼요."

"사람을 너무 좋게만 보는 편입니다."

= "어쩌면 거짓말을 용인할 수도 있어요."

가스라이터의 접근을 차단하려면 프로필에 어떤 내용을 넣어야 할까? 결코 간단한 문제가 아니고 그 경계는 참으로 모호하지만, 기본적으로 당신이 활동적이고 행복한 사람이라는 것을 보여주어라. 가스라이터들은 긍정적이고, 낙관적이며, 독립적인 사람을 좋아하지 않는다. **그들은 결핍이 있고, 연약하며, 상처가 있는 사람을 선호한다.**

첫 만남의 적신호

"처음부터 아니다 싶었어요. 그가 한 말 몇 가지가 너무 거슬리더라고요. 그래서 아무래도 우린 아닌 것 같다고 말하고, 그만 일어나겠다고 했어요. 그랬더니 그가 주먹으로 테이블을 세게 내려치면서 가지 말라는 거예요. 그 말이 나에겐 최대한 빨리 거

기서 빠져나오라는 신호였어요."-사라. 35

"처음 만났을 때 그가 무슨 얘길 했는지 알아요? 전처와 어머니 얘기요. 더구나 전혀 좋은 얘기가 아니었어요."-제시카. 20

가스라이터의 가장 골치 아픈 특성은 당신이 걸려들 때까지 자신의 정체를 완벽하게 숨긴다는 점이다. 웬디 패트릭Wendy Patrick 법학 및 의학 박사는 〈사이콜로지 투데이〉 2017년 12월호에 게재한 '위험한 첫 만남'이라는 글에서, 연애 초기에는 악의적 행동이 매혹적이고 긍정적인 모습으로 위장될 수 있음을 지적했다. 예를 들면, 보호심리는 결국 소유욕으로 바뀌고, 위로는 통제로, 자신감은 공격성으로, 열정은 폭력 성향으로, 솔직함은 무례함으로, 자신감은 경멸로 바뀔 수 있다는 것이다.

첫 만남에서 그런 면을 주의 깊게 살펴라. 예를 들어, 당신에게 묻지도 않고 당신의 음식까지 주문하는 행동은, 처음에는 당신을 잘 챙겨주는 것 같아 편안하게 느껴질 수도 있지만 통제 성향의 신호일 수 있다. 처음엔 기분 좋게 느껴질지 몰라도 막상 상황이 현실이 되면 그는 두 사람의 관계에서 모든 의사결정을 자신이 하려고 들 것이다.

첫 만남에서 감지할 수 있는 적신호로는 다음과 같은 것들이 있다.

- 지금껏 만난 사람 중 당신이 가장 아름답다고, 훌륭하다고, 놀라운 사람이라고 말한다.
- 결혼이나 동거 같은 장기적인 계획에 대해 얘기한다.
- 아이를 갖는 것에 대해 얘기한다. 포괄적으로 얘기하지 않고 당신과 아이를 낳고 싶다고 말한다.
- 당신이 앞에 있는데도 마치 없는 것처럼, 자기 자신에 대해 얘기한다.
- 이전 관계에서 자신이 바람을 피웠다고 말한다.
- 자신이 문제 가정에서 자랐다는 얘기를 한다.
- 당신의 삶에 관해서는 그 어떤 질문도 하지 않는다.
- 가족 얘기를 하지 않는다.
- 당신의 음식을 대신 주문한다.
- 기본적인 매너가 없다.
- 식당 종업원에게 무례하게 대한다.
- 당신의 집에 들어와 살겠다고 한다.
- 곧바로 당신의 손을 잡거나 신체접촉을 시도한다.
- 당신의 사적인 공간을 침해한다.
- 이전 파트너를 '나쁜 년', '개자식' 등으로 부른다.
- 이전 관계에 대해 너무 많이 얘기한다.
- 진지한 관계를 맺는 것을 힘들어하는 성격이지만 당신과는 그럴 수 있을 것 같다고 말한다.

- 직업이 확실치 않다.
- 온라인에서 본 것과 실제 만나서 하는 얘기가 잘 맞지 않는다.
- 얘기에 일관성이 없다.
- 집과 차에 대해 얘기하지만 당신과 만날 때 차를 몰고 나오지 않는다.
- 옷차림이 단정치 못하다.
- 사회적 지위를 드러내는 복장을 한다. (예를 들면, 저녁식사 자리에 의사 가운을 입고 나온다. 진짜 의사들은 절대 그런 짓을 하지 않는다.)
- 친구나 동료 중에 유명한 사람의 이름을 흘린다.
- 자신의 직업이 보수가 괜찮다고 말하면서도 저녁 식사 비용은 당신이 내라고 한다. 지갑을 잊어버리고 나왔다는 둥 둘러댄다.
- 너무도 근사하고 비현실적인 해외여행에 대해 얘기한다. (확인할 수 없기 때문에 하는 얘기다.)
- 자신에 관한 신상정보가 확인이 불가능한 것에 대한 핑계가 있다. (신분을 도용당했다거나 등등.)
- 눈을 맞추는 것을 힘들어한다.
- 매력적이지만 어딘가 진짜가 아닌 것 같다.
- 자기한테 너무도 많은 선택권이 있었지만 그럼에도 불구하고 당신을 선택했다고 말한다.
- 그만 나가 달라고 해도 가지 않는다.
- 당신이 그만 가겠다고 해도 막는다.

이 중 어느 한 가지가 해당된다고 해서 그것만으로 당신이 가스라이터를 상대하고 있다고 단정할 수는 없다. 그러나 조심하는 것은 우리 자신의 몫이다. 적신호는 분명히 있다.

1. 자기애가 지나치게 강하다

때로 가스라이팅은 나르시시즘과 끔찍할 정도로 비슷하다. 자기 도취자들은 얼핏 보기에는 근사해 보인다. 어떻게 보면 사실이라고 믿기에는 너무 근사하다. 그들은 교육 수준이 높고 능력이 있으며 매혹적이다. 그러면서도 위험한 수준으로 사람을 조종한다. 그들의 자신감은 사람을 취하게 만들지만 어느 순간 당신은 그것이 그의 행동 패턴의 일부일 뿐임을 깨닫게 된다. 오직 인정받기를 원하는, 이기적이고 끝을 모르는 욕구의 일부일 뿐이다.

2. 바람을 피웠고, 또 피우고 있다

가스라이터들은 바람을 피우는 것으로도 유명하다. 만약 지금 만나고 있는 사람이 이전 관계에서 자신이 바람을 피웠다고 실토하면, 그 적신호에 주의를 기울여라. 2017년 케일라 노프^{Kayla} ^{Knopp}와 동료들의 연구에 따르면, 이전 관계에서 바람을 피운 사람은 그렇지 않은 사람보다 현재 관계에서 바람을 피울 확률이 세 배 높다고 한다.

당신이 그에게 호감을 느낀다면 예전에 한 번 실수를 했어도 그 사실이 당신에게 영향을 미치지 않을 거라고 생각하고 싶을 것이다. 어쩌면 이제는 자기가 달라졌다고 말할 수도 있다. 그러나 다시 한번 생각해보기를. 바람을 피우는 것은 하나의 행동 패턴이다. 당신이 그런 일을 당하게 되면, 그 사건은 향후 당신이 새로운 사람을 만날 때마다 영향을 미칠 것이다. 다른 것은 제쳐두고라도, 그 사건은 당신이 앞으로 만나게 될 사람에 대한 의심의 씨앗을 뿌린다. 노프의 조사에 따르면 이전 연인이 바람을 피운 경우 현재 연인을 의심할 확률이 네 배로 높아진다.

3. 술을 강요한다

가스라이터는 종종 당신의 의사를 묻지 않고 술을 주문한다. 당신이 술을 주문하지 않겠다고 하면 마시라고 구슬리거나 강요한다. 그들이 그러는 이유는 술을 마시면 사람이 조심성이 없어지고 나쁜 선택을 할 가능성이 높아지기 때문이다.

새로운 사람과 함께하는 자리에서는 술을 자제하는 것이 상책이다. 그러나 술을 마시기로 결정했다면 절대 술을 두고 자리를 비우지 마라. 술에 약을 타는 사람들 얘기를 들어보았을 것이다. 그렇게 되면 폭행을 당할 확률이 극적으로 높아진다.

4. 소셜 미디어를 하지 않는다

가스라이터들에게는 바람을 피우는 것이 너무도 흔한 일이라 다른 사람과 함께 있는 것을 들키지 않기 위해, 혹은 가지 말아야 하는 곳에 가기 위해 소셜 미디어를 하지 않는다. 당신이 만나는 사람이 페이스북을 하지 않는다고 말하면, 물론 그저 페이스북을 좋아하지 않는 사람일 확률이 높다. 그러나 그 이유는 물어보길 바란다. 가스라이터들은 대체로 모호한 답변을 한다. "별로 흥미가 없어서"라거나 "시간이 없어서"라고 말하면, 조심하라.

5. 당신의 직감을 믿어라

우리에겐 어딘가 잘못되었음을 알려주는 예감, 혹은 직감이라는 게 있다. 그리고 직감의 적중률은 상당히 높다. 안전하지 않다는 느낌을 받으면 양해를 구하고 자리에서 일어나라. 사실 양해를 구할 필요조차 없다. 가스라이터들은 자신이 간파당했음을 깨닫는 순간 갑자기 애정 공세를 퍼붓는다. 가스라이터는 '이 사람 옆에 있는 건 어쩐지 불길해'라는 당신의 생각을 순식간에 '와, 이 사람 진짜 매력적이야'라고 바꾸어놓을 수 있다. **그러니 벗어날 수 있을 때 벗어나라.**

6. 친절하고 싶은 욕구를 떨쳐버려라

우리는, 특히 여자들은 어렸을 때부터 남을 배려하고 공손하게 행동하라고 배우며 자랐다. 누군가에게 맞서거나 꺼지라고 말하는 것은 당신의 소신에 어긋날 수도 있다. 그러나 가스라이터는 결코 당신과 당신의 감정을 배려하지 않는다는 사실을 기억하라. 그에게 당신은 언제든 버릴 수 있는 하나의 물건이고, 목적지로 가기 위한 수단일 뿐이다. 그렇다면 당신도 스스로를 보호하기 위해 의사 표시를 하고 '무례해' 보이는 위험을 감수해야 하는 건 너무도 당연하다. 예를 들면, 당신의 차 안에서 상대에게 인사를 했는데도 그가 너무 가까이 몸을 기대어 온다면 "이러지 마세요"라고 말해야 한다. 그가 말을 듣지 않으면 더 크게 말하라. 기억하라. 가스라이터와 함께 있을 땐 무례해 보이는 게 문제가 아니다. 당신의 안전이 문제다.

7. 순식간에 사로잡아 서서히 본색을 드러낸다

"겉보기에만 멀쩡한 사람이었어요. 똑똑하고 학벌 좋고 재미있었죠. 6개월이 지난 뒤에야 그의 어둡고 집착적인 측면을 보았어요." -제시, 28

처음 만날 때 사람들이 자신의 병적인 성향을 커다랗게 써 붙이고 있다면 참 편리할 것이다. 그러나 세상은 그렇게 녹록지 않다! 게다가 가스라이터들은 '정상인 척'하는 데 아주 뛰어나다. 내면의 광기로 당신을 끌어들이기 전에, 당신이 단단히 걸려들게 만든다. 정신 건강 전문가들조차도 가스라이터에게 걸려든다. 가스라이터는 너무도 정상인처럼 행동하기 때문에 전문가들도 그들의 본모습을 간파하지 못한다. 그러나 앞서 살펴보았듯, 그렇다고 해서 경고 신호가 없는 것은 아니다.

가스라이터는 빠른 속도로 당신을 사로잡지만, 당신이 그를 화나게 할 때까지 용케도 광기를 숨긴다. 그를 화나게 하기란 너무도 쉽다. 그저 당신이 자신의 의사를 표현하거나, 화가 났다고 말하거나, 혹은 당신이 알지도 못했던 암묵적인 규칙을 어겼을 때, 그는 화가 나고 당신은 갑자기 여왕에서 쓰레기로 전락한다. 가스라이터는 그렇게도 떠받들던 당신을 언제고 그 자리에서 끌어내릴 수 있다. 우상화했다가 곧바로 비하함으로써 당신을 비틀거리게 만든다. 당신은 심리적으로 불안정해지고 그에게 더 의존하게 된다. 그것이 바로 가스라이터가 원하는 바다.

가스라이터와 폭력성

아직 걱정거리가 충분치 않을 경우를 대비해 한 가지 더 밝혀두자면, 가스라이터는 폭력을 휘두를 가능성이 상당히 높다. 가스라이터는 인내심이 폭발하는 문턱이 매우 낮고 상황 대처 능력이 떨어지기 때문에 쉽게 폭력적으로 변한다. 따라서 당신이 스스로를 보호할 수 있어야 한다. 앞서도 언급했듯이 **상대가 누구이건, 첫 만남에서 술을 두고 자리를 뜨지 마라, 절대로.** 상대가 걱정하지 말라고 해도, 왜 그렇게 강박적으로 행동하느냐고 해도, 개의치 마라. 술을 들고 화장실에 가는 한이 있어도, 그렇게 하라. 그러나 그보다 더 좋은 것은, 술을 아예 안 마시는 것이다. 가스라이터는 당신을 보다 나약한 상태로 만들기 위해 술을 권할 것이다. 좋은 사람이라면 절대로 술을 마시라고 강요하지 않는다.

당신에게 술을 강권하는 것은 당신을 폭행하거나 강간하려는 수작일 수도 있다. 가스라이팅과 강간의 연관성에 관한 구체적인 자료는 없지만, 강간은 결국 권력과 폭력의 범죄이므로 주의할 것들의 목록에 포함시키는 것이 현명하다.

연애 초기의 경고 신호들

첫 만남 이후 두 사람이 사귀기 시작했다고 치자. 그 단계에서도 여러 가지 경고 신호가 있다. 다음에 해당한다면 당장 그와의 관계를 끊어라.

- 당신의 가족이 그 사람 어딘가 이상하다고 말한다.
- 그가 "당신 가족이 우리를 갈라놓으려 한다"고 말한다.
- 그가 당신에게 "우리 가족에 대해 당신이 이러쿵저러쿵 말할 자격은 없어"라고 말한다.

- 당신이 좋아하는 일을 자기도 좋아한다고 말하지만 실제로 같이 그 일을 하다 보면 쉽게 흥미를 잃거나 따분해한다.

- 무얼 하건 당신이 돈을 낸다. 그에게 돈을 내라고 하면 죄책감을 자극해서 당신이 돈을 내게 한다.

- 친구들 혹은 휴대전화 같은 삶의 한 부분을 당신과 완전히 분리된 상태로 유지한다.

- 그와의 관계가 90퍼센트 좋다고 해도 나머지 10퍼센트가 거짓과 모순으로 가득 차 있다면 그 관계는 끝내야 한다. 그런 관계는 오직 나빠질 일만 남았다. 10퍼센트가 20퍼센트가 되고, 20퍼센트가 30퍼센트가 된다. 거짓과 모순은 종종 정신적 육체적 학대로 이어진다. 미국 가정폭력방지협회National Coalition Against Domestic Violence, NCADV의 2017년 보고서에 따르면 해마다 천만 명이 가정폭력에 희생된다. 작은 부분이라도 당신을 속이고 있다면, 다른 곳도 살펴보아야 한다.

심취일 뿐, 그것은 사랑이 아니다

2장에서 살펴보았듯이 가스라이터들은 연애 초기에 애정 공세 펼치기를 좋아한다. 그들은 당신을 떠받든다. 관심을 쏟아붓는다. 그러나 당신은 실제 인물이 아닌 가상의 인물에 빠져드는 것이라는 점을 명심하라. 실제 인물은 가면 뒤에 있다. 가스라이터들은 당신을 낚기 위해 '정상인'인 척하는 법을 알고 있다.

어쩌면 당신은 순간적으로 그에게 '사랑'의 감정을 느낄 수도 있다. 그러나 누구도 그렇게 빨리 사랑에 빠질 수는 없다. 사실 당신이 느끼는 감정은 '심취'에 가깝다. 당신은 구름 위에 떠 있고, 그를 보는 순간 가슴이 뛰고, 그가 곁에 있으면 발가벗고 싶다. 정말 짜릿한 기분이다. 그러나 심취는 참으로 허망한 감정이다. 영속성이 없기 때문이다. 당신은 불안하다. 그 사람을 잃을 것만 같다. 그 사람이 자기 친구들을 만나러 나가면 질투심을 느낀다. 당신은 매 순간을 그와 함께 보내고 싶고 그와 떨어져 있으면 초조하다.

사랑은 그보다 깊은 감정이다. 사람들은 연애 초기에 심취를 경험하지만 그 감정은 6개월에서 12개월 내로 잦아든다. 모든 것이 현실로 다가오기 시작할 때가 바로 그 무렵이다. 어떤 관계는 이 시점에서 끝나기도 한다. 두근거림과 흥분이 잦아들고 나면 연애가 더 이상 전처럼 흥미진진하지 않기 때문이다. 바로 이즈음 가스라이터의 실체가 보이기 시작한다. 건강한 관계에서도 연애 초기에는 심취된 듯한 설렘은 있지만 동시에 평안함과 정서적 교감이 있다. 육체적 교감도 멋지지만 정신적 교감은 육체관계를 더 멋지게 만든다. **누군가를 사랑한다면 그와 함께 있을 때도 즐겁지만, 당신이 좋아하는 일을 하거나 혼자 있는 시간도 즐겁다.** 건강한 관계라면 당신이 친구들을 만나러 나가도 아무 문제가 없다. 정신적으로 건강한 연인은 당신에게 외출을 하라고 독려하고 당신의 친구들과 친해지려고 노력한다.

연애할 때 심취와 사랑의 차이에 유의해야 한다. **뇌의 속도를 조금 늦추고 당신이 '사랑에 빠지고 있는' 상대가 어떤 사람인지 좀 더 이성적으로 생각해보길 바란다.** 상대가 가스라이터일 때 심취는 사랑으로 이어지지 않는다. 심취는 불행으로 끝날 뿐이다. 심취의 즐거움을 폄하하고 싶진 않지만 그것을 사랑으로 착각하지 않는 것, 가스라이팅과 조종의 신호를 놓치지 않는 것은 너무도 중요하다.

속이고 빼앗고 사기친다

"나한테 자기가 의사라고 했어요. 알고 보니 약물중독자인데 그
사실을 잘도 숨겼더군요. 자꾸만 돈을 달라고 했고 내 이름으로
처방받으려고 했어요."–제인, 68

당신을 통제하는 것 외에도 가스라이터에게 다른 동기와 목적이 있는 경우도 있다. 어떤 가스라이터들의 주목적은 당신으로부터 돈, 차, 재산을 갈취하는 것이다. 주로 온라인 데이트에서 표

적을 정하곤 하는데, 거기서 사람을 만나면 속이기 쉽기 때문이다. 그들은 주로 돈 많고 나이 많은 남녀를 표적으로 삼는 경향이 있다. 그들은 "내가 깜빡 잊고 지갑을 두고 왔네요"로 시작하다가 어느 순간 당신의 물건과 자산들을 자신 명의로 바꾼다.

존 미한의 사례*

존 미한 사건은 TV 드라마에나 나올 법한 이야기지만 실제 사건이고 〈로스앤젤레스 타임스〉에 연재기사로 보도되었다. 존 미한은 사기를 치는 것으로, 특히 여자들에게 사기를 치는 것으로 먹고사는 사람이었다. 그는 여자들에게 지속적으로 거짓말을 했다. 자기가 마취과 의사이고 '국경없는의사회' 소속으로 이라크에 자원 복무했었다고 말했다. 첫 아내와의 결혼생활 당시 존은 아내가 자신의 가족과 접촉하는 것을 막았다. 아내가 그의 뜻을 거스르자 그의 분노가 폭발했다. 존의 아내는 남편의 실체가 그가 말하던 것과 다르다는 사실을 알게 되었다. 존은 자기가 아는 조직폭력배가 있다며 지속적으로 아내를 협박했다. 2014년, 존은 온라인 데이트 사이트를 통해 성공적인 사업가인 데브라 뉴웰을 알게 되었다. 존은 데브라에게도 자신이 국경없는의사회 소

---

* 〈로스앤젤레스 타임스〉 2017년 10월 1일~10월 8일자 기사에 근거함.

속으로 이라크전에 참전했었다고 거짓말을 했다. 그는 만난 지 몇 달 만에 결혼을 종용했다.

존의 거짓말을 폭로한 사람은 데브라의 가족이었다. 존은 마약소지죄로 간호사 자격증을 박탈당하고 복역한 사람이었다. 자신의 거짓말이 들통나자 존은 폭언을 퍼부었다. 데브라는 존을 떠났다. 존은 데브라를 찾아가 용서를 구하며 빌었고, 전부 다 오해라고, 데브라의 가족들은 그녀가 사랑을 찾아 행복하게 사는 걸 원치 않는다고 말했다. 데브라는 다시 그에게 돌아갔다. 데브라가 두 번째로 존을 떠났을 때, 존은 데브라와 가족을 협박했다. 존에게 돈을 준 사람은 데브라였는데도, 데브라가 자기 돈을 가져갔다고 비난했다. 존은 데브라의 나체 사진을 가족들에게 보냈다. 어느 날 존은 데브라를 스토킹하다가 데브라의 딸 테라를 공격했다. 존은 테라를 여러 차례 흉기로 찔렀다. 테라는 자신을 방어하기 위해 존의 칼을 잡고 그를 찔렀다. 테라는 살아남았고 존은 사망했다.

데브라처럼 성공적인 여성이 왜 존 미한 같은 사기꾼의 먹이가 되었을까? 존이 자신을 가스라이팅하고 있다는 신호를 알아차리지 못했을까? 알아차리지 못했을 것이다. 가스라이터들은 평범한 사람처럼 행동하는 것에 너무도 뛰어나다. 그들은 '지나치다 싶을' 정도로 평범하게 행동하고, 흠잡을 데 없는 사람처럼 보인다. 데브라처럼 성공한 여자는 안정적이고 '함께하는 삶'을 중시하는 교양 있는 남자를 원한다는 것을 존은 알고 있었다. 그리고 존은 거짓말을 기가 막히게 잘했다.

한 가지 덧붙이자면, 데브라의 언니는 남편이 쏜 총에 맞아 숨졌고, 데브라의 어머니는 딸의 살인범을 위해 법정에서 증언했다. 덕분에 살인범의 형량이 가벼워졌다. 이 사실이 데브라에게 시사하는 바는 무엇일까? 아무리 끔찍한 행동을 해도 남자는 옳다는 것? 서글프게도 그랬던 것 같다. 가족의 역사는 가스라이터의 먹이가 될 것인지 여부와 상당히 밀접한 관련이 있다.

나를 지키는 방법

"이제부터 내가 만나는 사람의 뒷조사를 할 거예요. 내 친구는 내가 너무 예민하다고 하는데, 가정폭력을 행했거나 그 외에도 폭력 전과가 있는지 미리 알아야겠어요." -준. 27

"자기가 외과의사라고 했어요. 하지만 의사면허발급기록을 조회해보니 그의 이름이 없는 거예요. 그 사람한테 물었더니, 이 주로 이사 온 지가 얼마 안 되어서 아직 안 나오는 거래요. 날 보고 편집증이 심하다면서 범죄드라마를 너무 많이 본 거 아니냐며 놀리더라고요. 그런데 알고 보니 의사가 아니었어요." -재니스. 55

지금까지 살펴본 바와 같이 새로운 사람을 만날 때나 온라인에서 연애 상대를 구할 때는 항상 조심해야 한다. 절대 경계를 늦추지 마라. 먹잇감을 찾는 가스라이터들은 어디에나 있다. 스스로를 지키기 위해 다음의 원칙을 지켜라.

- 온라인 데이트를 생각한다면 앱과 웹사이트 선택에 신중하라. 신뢰할 만한 곳인지 확인하라.
- 프로필과 사진을 올리기 전에 친구들에게 보여주어라. 가장 신중한 친구에게 조언을 구하라. 굶주린 가스라이터들에게 먹잇감의 신호로 읽힐 대목이 무엇인지 지적해줄 것이다.
- 온라인보다는 직접 대면하라. 온라인을 통해 채팅을 시작했다면 제대로 판단할 수 있도록 직접 만나보아라.
- 친구가 추천하는 사람을 만나라. 친구가 그 사람을 오래 보아왔다면, 특히 어려서부터 보아왔다면 더 좋다.
- 만나기 전에 구글에서 그를 검색해보아라. 온라인상의 정보와 프로필 정보 혹은 대화 중에 얻은 정보와 일치하지 않는 점이 있다면 대화를 중단하라. 그것은 엄청난 적신호다.
- 첫 데이트를 하기 전에 친구에게 SOS 메시지를 보내면 친구가 당신에게 전화해서 급한 일이 생겼으니 당장 와 달라고 말하기로 미리 약속해두어라. 가스라이터가 집까지 차를 태워주겠다고 하면 거절하라.

- 가스라이터의 차에 타지 마라. 가스라이터의 상투적인 수법 중 하나는 당신을 자기 영역으로 데려가 고립시키는 것이다.

- 데이트 첫날 가스라이터를 집으로 데려오지 마라. 그의 집에 도 가지 마라.

- 실제로 만나기 전에 음란한 사진을 주고받지 마라.

- 공공장소에서 만나라.

- 온라인 대화에서 이상한 낌새가 느껴지면 대화를 중단하라. 잠적하거나 사라지는 것은 건전한 관계의 경우에도 바람직하 지 않지만, 상대가 가스라이터일 땐 무조건 피해야 한다. "우 린 서로 잘 안 맞아요"라고 말하기 위해서라도 그와 연락하 면, 그에게 조종당할 확률이 그만큼 높아진다.

- 그와의 연락을 끊어야 하는 경우, 모든 전화번호와 이메일, 소 셜 미디어를 차단하라.

- 폭언, 비방, 스토킹과 같이 사이트의 규정을 어기는 경우 온라 인 사이트에 신고하라.

- 온라인이건 실생활에서건 협박, 괴롭힘, 스토킹을 당하는 경 우 경찰에 신고하라.

- 웹사이트에 가스라이터에 대한 경고의 글을 남기지 마라. 가 스라이터가 그 글로 쉽게 당신을 추적할 것이다.

- 당신의 직감을 믿어라. 당신의 친구들이 그 남자가, 그 여자가 너무 멋지다고 해도, 당신이 불편하다면 만나지 마라.

당신이 연인에게 원하는 것은 무엇인가?

고리타분하게 들리겠지만 연애할 때만큼은 가슴보다는 머리를 따르는 게 최선이다. 누군가에게 깊이 빠져 있을 때 우리는 경고 신호를 무시하고 지나치는 경향이 있다. 우리의 두뇌는 일시적으로 제정신이 아니다. 우리는 이성을 잃는다. "아, 도끼로 사람을 죽였다고요? 그 정도는 충분히 감당할 수 있어요" 하는 식이다. 건강한 선택을 하기 위해 스스로를 준비시키는 차원에서, 이상적인 연인의 자질을 적어보아라. 최대한 구체적으로 적어라. 아마 다음과 같은 것들이 포함될 것이다.

- 개 혹은 고양이를 좋아한다.
- 집안이 화목하다.
- 다른 사람 말을 들을 줄 안다.
- 갈등을 해결할 의지가 있다.
- 규칙적으로 운동을 한다.
- 안정적인 직업이 있다.
- 공손하게 말한다.

긍정적인 단어로 작성하라. "욕을 하지 않는다" 대신 "공손하게 말한다"라고 써라. 그렇게 하면 원치 않는 것보다 원하는 것에 초점을 맞출 수 있다.

최고의 남자, 혹은 여자를 만났다는 생각이 들 때, 당신의 목록을 보아라. 당신이 원하는 것들 중 그가 얼마나 많이 갖고 있는가? 당신의 심장이 감정을 좇고 싶을 때 머리로 현명한 판단을 내리도록 그 목록이 도와줄 것이다.

신호를 믿고, 머리를 믿어라

지금까지 살펴본 것들이 도움이 되었을 것이라 믿는다. 연애는 온갖 위험으로 가득 차 있다. 가스라이터는 너무도 영리하고 너무도 매혹적이며 너무도 '평범해' 보이기 때문이다. 온라인 데이트 사이트에서 당신은 가스라이터의 먹잇감이 될 수 있다. 그러나 이제 당신은 적신호를 읽을 줄 안다. 새 보호 장비를 구비한 셈이다. 연애와 관련하여 꼭 한 가지 조언을 선택해야 한다면, 바로 이것이다. **신호를 믿어라.** 마야 안젤루가 말했던 것처럼, 누군가가 자신의 본모습을 드러낼 때, 당신이 본 것을 믿어라.

4

방해하고 괴롭히고
실적을 가로채는 사람들

~~~~~~~~~~~~~~~~~~~~~~~~~~~~~~~~~~~~~

직장 내 가스라이팅

"동료가 전화를 받아야 하는 상황인데 전화를 받지 않았어요. 그래서 고객들이 할 수 없이 나에게 전화를 했죠. 윗사람한테 그 사실을 보고했는데, 동료가 그 상사의 약점을 알고 있어서 전혀 징계를 받지 않았어요."-후안, 40

"어떤 프로젝트건 상관없어요. 그가 실적을 전부 다 가로챘으니까요. 그러면서도 상사한테는 우리가 다 너무 게을러서 우리의 무능을 자기가 만회했다고 보고했어요. 자기가 더 노력할 수밖에 없었다고."-더그, 55

가스라이터들은 우리의 사생활에만 막대한 피해를 입히는 게 아니다. 그들은 수많은 사람들의 커리어를 망쳤고 수많은 회사를 파멸로 이끌었다. 그들은 동료를 조종하고 부하 직원에게 일을 떠맡기고 실적을 가로챈다. 자기들이 괴롭히면서 오히려 괴롭힘을 당했다고 주장한다. 나는 직장 내 괴롭힘 모두는 아닐지라도 상당 부분이 가스라이팅이라고 생각한다. 그들은 동료를 희생시킨다. 그리고 자신의 행동에 대해 그 어떤 책임도 지지 않는다. 당신의 사생활이 엉망이 되는 것도 힘든 일이지만 당신의 커리어를 무너뜨리는 데 혈안이 되어 있는 사람을 상대하는 것 역시 만만치 않은 일이다.

이 글을 쓰고 있는 지금도 수많은 여성들이 직장 내에서의 성적 괴롭힘을 폭로하고 있고 마침내 사람들이 그들의 말을 믿기 시작했다. 수많은 유명인과 공인이 직장 내 괴롭힘으로 고소당했다.

이 장에서 우리는 직장 내의 가스라이터를 판별해내고, 당신과 당신의 커리어를 지키고, 가스라이터와 일로 엮이지 않는 법에 대해 알아볼 것이다.

당신의 동료가 가스라이터인지 어떻게 알 수 있을까? 아마도 당신은 다음과 같은 행동을 목격했을 것이다.

- 당신이 공들인 일의 실적을 가로챈다.
- 그의 칭찬에는 가시가 있다.
- 동료들 앞에서 당신을 조롱한다.
- 전부 다 당신 탓이라고 말한다.
- 당신의 약점을 알고 그것을 이용한다.

- 당신이 좌천당하거나 해고당하도록 적극 노력한다.

- 출세를 위해 거짓말을 한다.

- 직장에서 '최고'가 되기 위해 모두와 경쟁하는 것처럼 보인다.

- 당신에 관한 나쁜 소문을 퍼뜨리고, 추궁하면 부정한다.

- 당신의 업무를 방해한다.

- 중요한 회의에 잘못된 시간과 날짜를 전달한다.

- 당신에게 부도덕한 행동을 강요한다.

- 당신의 성취를 축하하기보다는 질투한다.

- 자신의 뜻대로 일이 풀리지 않을 때 분노를 표출한다.

- 당신과 동료들을 협박하고 위협한다.

- 당신과 동료들을 성적으로 괴롭힌다.

가스라이터는 가장 편한 직장마저도 지옥으로 만들 수 있다. 그들은 계략을 꾸미고, 훼방을 놓고, 동료를 제치고 한발 앞서가는 것을 도무지 멈출 줄 모른다. 자신의 부도덕한 행동을 상사에게 들키면 오히려 강도를 높인다. 잠시 숨을 죽였다가 가스라이팅을 재개하는 경우도 있다. 가스라이터가 조종 행위를 중단하는 경우는 지극히 드물다.

앞서도 언급했듯이 가스라이터는 자기인식이 부족하기 때문에 자신의 잘못된 행동을 인지하지 못한다. **그들은 자신을 제외한 나머지 모든 사람들에게 문제가 있다고 진심으로 믿는다.**

직장 내 괴롭힘

"지나가면서 엉덩이를 슬쩍 만지곤 했는데, 마치 실수라는 듯이 '미안'이라고 말해요. 진짜 교묘하게 하는데, 아무도 그걸 못 봐요. 상사에게 보고하고 싶은데, 내가 거짓말을 하는 거라고 생각할까 봐 걱정돼요. 사실 증거도 없잖아요?" -리디아, 28

"내가 일할 때 근처에 서서 날 지켜보는 상사가 있었어요. 음흉한 눈빛으로. 너무 섬뜩했어요. 퇴근 시간이 가까워지고 사무실에 남아 있는 직원이 많지 않을 땐 왠지 겁이 나서 얼른 도망치곤 했어요." -마리솔, 36

가스라이터는 당신과 직장에 대한 통제권을 확보하기 위해 괴롭힘이라는 수단을 이용한다. 당신을 괴롭히면 업무와 연관된 그의 다른 나쁜 행동들에 대해서는 당신이 잠자코 있을 거라고 생각한다.

괴롭힘의 방식 중에는 성적 괴롭힘이 있다. 미국 평등고용기회 위원회Equal Employment Opportunity Commission, EEOC에서는 성적 괴롭힘을 '원치 않는 성적 접촉, 성적 요구, 그 외 성적 암시가 있는 언어적 혹은 육체적 괴롭힘'으로 정의하고 있다.

다음과 같은 경험을 한 적이 있다면 당신은 성적 괴롭힘의 희생자다.

- 당신의 직장 혹은 업무가 성적 행위에 달려 있다는 말을 들었다.
- 특별한 이유 없이 면밀하게 관찰당한다.
- 당신이 사무실 혹은 사무공간에서 벗어나려 할 때 저지당한다.
- 지나갈 때 음흉한 눈초리로 쳐다본다.
- 당신 앞에서 휘파람을 불거나 "좀 웃어봐요" 따위의 말을 듣는다.
- 당신보다 높거나 영향력 있는 위치의 사람이 당신에게 데이트를 신청한다.
- 호의를 거절했다는 이유로 보복을 당한다.
- 당신의 사물함에 성적 암시가 담긴 사진과 메시지가 붙어 있다.

그 외의 괴롭힘에는 다음과 같은 것들이 있다.

- 동료들이 당신을 상대로 '장난'을 친다.
- 당신의 물건들을 누군가가 계속 가져갔다가 돌려놓는다.
- 사무실 냉장고에 있는 당신의 음식에 동료들이 함부로 손을 댄다.
- 누군가 당신의 사물함 자물쇠를 부순다.
- 누군가 당신의 물건을 숨긴다.
- 관계자가 아닌 사람이 당신의 사무공간에 허락 없이 들어온다.

대부분의 가스라이터는 직장 내에서 법적으로 처벌되는 수준의 괴롭힘까지 강행하진 않지만 거기까지 가는 경우도 더러는 있다. 부도덕한 행동을 오히려 조장하는 분위기의 근무환경이라면 더더욱 그렇다. 예를 들면, 생산성을 높인다는 명목으로 인센티브 제도를 운영하는 조직이라면, 가스라이터에게는 더할 나위 없이 완벽한 조건이다. 그들은 남보다 앞서기 위해서라면 수단과 방법을 가리지 않는다. 남에게 피해를 주는 악랄한 행동도 서슴지 않는다. 어떤 업계에서는 냉혹한 가스라이터가 존경을 받기도 하지만, 사실 가스라이터에 대한 두려움이 존경으로 포장된 것일 뿐이다.

미국 평등고용기회 위원회에 따르면 직원이 괴롭힘을 감내해야만 조직에 남아 있을 수 있다고 생각할 때, 혹은 괴롭힘이 너무도 강력하고 포괄적이라 이성적인 사람이 그 괴롭힘을 위협적이거나 학대적이거나 적대적인 행동이라고 느낄 때, 그 괴롭힘 행위는 불법이다.

직장 내 괴롭힘은 본인이 직접 당한 일에만 국한되는 것은 아니다. 만약 직장 내의 특정인이 동료를 대하는 태도가 당신의 업무 능력이나 고용 상태에 영향을 주었다면, 당신도 직장 내 괴롭힘을 당한 것으로 간주된다.

괴롭힘은 권력의 문제다. 가스라이터는 당신이 '까불지 못하게' 하려는 것이다. 그들은 당신의 머리 꼭대기에서 놀고 싶어 한다. 그리고 당신의 직장생활이, 나아가 생계가 위태로워지는 상황을 즐긴다.

가스라이터들의 괴롭힘은 너무도 절묘하다. **그들은 당신이 괴로워하기에 충분할 정도로, 그러나 증명하기엔 불충분할 정도로만 괴롭힌다.** 수많은 괴롭힘 사건은 결국 "이 사람이 이렇게 말했다, 저 사람이 저렇게 말했다"로 끝나버린다. 이 사람 말과 저 사람 말은 일치하지 않는다. 바로 그런 이유로, 그리고 보복에 대한 두려움으로, 수많은 직장 내 괴롭힘 사건이 해결되기는커녕 신고조차 되지 않는다.

처음 괴롭힘을 당했을 때 충격에 휩싸인 나머지 자신의 인지 능력을 의심하는 것은 너무도 흔한 일이다. '그 사람이 정말 그렇게 말했을까? 어쩌면 그런 의도로 한 말은 아닐 수도 있어.' 당신이 가스라이터와 함께 살았다면, 특히 가스라이터에 의해 양육되었다면, 더더욱 자신의 현실 감각을 의심할 것이다. 당신은 일찌감치 자신의 눈과 귀를 의심하라고 배웠을 것이고, 따라서 당연히 자신이 당한 일을 의심할 것이다.

당신의 판단을 믿어라. 성적인 것이건 아니건, 그 사람의 말과 행동이 괴롭힘처럼 느껴지면, 그것은 괴롭힘일 확률이 크다!

괴롭힘과 괴롭힘이 아닌 것

때로는 괴롭힘과 평범한 행동을 구분하기가 쉽지 않다. 누군가의 행동으로 인해 당신이 위축되거나 혐오감을 느낀다면 아마도 당신이 괴롭힘을 당하고 있는 것이다. 그러나 다음의 행동들은 그 자체만으로는 괴롭힘에 해당되지 않는다.

- 옷차림에 대한 칭찬
- 오늘 근사해 보인다는 말
- 회사에서 당신과 동등한 지위에 있는 사람의 데이트 신청
- 당신의 업무 수행 능력 중 개선이 필요한 부분에 대한 지적
- 특정 사안과 관련하여 상사가 보자고 하는 것

그러나 이런 행동들조차도 당신과 동료를 괴롭힌 사람이 한다면, 그것은 괴롭힘에 해당할 수 있다.

가스라이터 상사

가스라이팅이 '찌질이'의 전유물은 아니다. 권력을 쥔 사람들 중에도 가스라이터가 있을 수 있다. 상사가 당신을 가스라이

팅할 수도 있다. 그들은 일과 조직을 조종하는 법을 안다. 그들은 실적을 속여 고위직에 오르고 남의 노고를 발판으로 성공한다. 승진을 위해서라면 협박도 서슴지 않는다. 승진의 대가로 성 상납을 요구하기도 한다.

가스라이터 중에도 업무 능력이 뛰어난 사람들이 있다. 이들이 당신의 상사일 경우 가장 짜증나는 상황이 벌어진다. 가스라이터 상사가 실제로 자신의 분야에서 뛰어나다면 그들을 해고하기가 더 어렵다.

다음은 직장에서 당신이 유의해야 할 신호들이다.

1. 근무 중에 당신을 관찰한다

근무 중에 상사가 직원을 관찰하는 것이 특별한 일은 아니다. 그러나 가스라이터는 극단적으로 기분 나쁘게 당신을 관찰한다. 가스라이터 상사가 다른 사람보다 유독 당신을 더 관찰하는 것처럼 느껴질 수도 있다. 주변에 직원이 별로 없을 때는 당신에게 너무 가까이 밀착해 오는 것처럼 느껴질 수도 있다. 심지어 당신을 동료들로부터 고립시키려 할 수도 있다.

'관찰'에는 음흉한 눈빛으로 쳐다보는 것도 포함되는데, 그가 당신을 쳐다보는 방식이 당신을 불편하게 하는 경우다. 당신에게는 큰 소리로 "그만하세요"라고 말할 권리가 있다. 그런 식으로 사무실 내의 다른 사람들에게 그의 부적절한 행동을 알릴 수 있고 증인을 확보할 수 있다. 다른 사람들이 자신의 불완전한 모습을 볼지도 모른다는 생각이 들면 가스라이터는 물러설 것이다. 그들에겐 이미지가 전부이기 때문이다.

2. 무리를 만들어 한 사람을 괴롭힌다

"난 내 일을 좋아했어요. 잘하기도 했고요. 하지만 상사들이 작당하고 날 해고할 줄은 몰랐어요. 상사들이 내가 일을 제대로 안 하는 것처럼 상황을 꾸몄어요. 윗사람들한테 내가 업무를 거부했다고 보고했더라고요. 나한텐 시키지도 않았으면서. 처음엔 나한테 시켰는데 내가 잊어버렸나 보다 생각했어요. 하지만 내가 그 사람들이 하는 말을 전부 다 기록하기 시작했는데, 알고 보니 그 사람들이 거짓말을 하는 거였어요. 도저히 견딜 수가 없어서 결국 일을 그만두었죠. 그들 중 누구도, 그 결속을 깨뜨리고 이제 그만하자고 말하지 않았어요." -엠버, 28

가스라이터들은 때로 여럿이 작당해서 한 명을 괴롭히기도 한다. 심지어 전형적인 가스라이터가 아닌 사람들이 가세하기도 한다. 이런 것을 '군중심리'라고 한다. 사람들은 남들이 하면 무조건 따라 하는 경향이 있다. 그것이 우리의 소신에 어긋나는 경우에도. 단체행동은 전염성이 있는 데다, 자신의 행동에 대한 책임감을 덜 느낄 수 있다. 고용주가 관리자들에게 직원들을 가스라이팅하라고 압력을 행사하는 경우도 있다.

3. 당신의 업무 능력을 낮게 평가한다

"상사들이 작당을 해서 날 가스라이팅했어요. 내 업무 수행 능력에 대한 거짓 정보를 만들어서 날 해고시켰어요." -자밀. 28

"내가 자기를 위해서 큰 프로젝트를 진행해주면 승진 대상이 될 거라고 했어요. 막상 프로젝트가 끝나니, 수고했다고 말하고 가버리더라고요. 승진 계획은 애초부터 없었어요." -커티스. 40

가스라이팅 상사가 인사평가 면담 차 당신을 부르면 당신의 업무 실적에 관한 자료를 반드시 가져가라. 당신이 받은 평가가 부적절하거나 부당하다는 생각이 들면 왜 그렇게 생각하는지를 증명할 확고한 자료가 필요하다. 당신이 받은 평가가 부당하다고 판단될 때 구체적으로 어떤 절차를 밟아야 하는지 회사 매뉴얼을 확인하라.

만약 가스라이터 상사가 당신에게 인사평가 확인서에 서명하라고 말하면, 당신에겐 서명할 의무가 없다고 말하라. 인사평가 확인은 회사의 방침일 뿐 법적인 구속력이 없다. 평가 확인서에 "위의 평가 내용에 동의한다"는 내용이 있으면, 서명하지 마라. 평가 확인서에는 의견란이 있을 것이다. 자신의 평가에 대한 생각을 현장에서 즉시 글로 남길 것을 강력히 권한다. 무슨 글을 남기고 싶은지 먼저 생각하라. 그래야만 사실이 아닌 감정에 북받쳐 글을 쓰는 것을 방지할 수 있다.

대학 내의 가스라이팅

"조교가 추근거렸는데, 내가 거절했어요. 그 뒤로 수업시간에 매번 가장 어려운 질문을 나에게 하더라고요. 출석했는데도 결석으로 처리하고요." -리즈, 23

"학점을 올려달라고 얘기하려고 교수 연구실에 갔는데, 교수님이 저도 자기를 위해 뭔가 해주어야 한다는 거예요. 내가 싫다고 했어요. 그랬더니 이 일을 발설하면 우리 두 사람 모두 곤경에 처할 거래요." -케이시, 22

다른 곳에서와 마찬가지로 학교와 대학에서도 가스라이팅은 일어난다. 교수와 조교가 학생이나 부하 직원을 가스라이팅할 수 있고, 심지어 학생이 교수를 가스라이팅할 수도 있다. **기억하라, 가스라이터들은 권력을 먹고 자란다.** 자신의 C학점을 A로 바꾸어주지 않으면 교수가 자신을 스토킹했다고 학과에 보고하겠다고 말한다면, 이 또한 가스라이팅의 한 형태로 볼 수 있다.

만약 당신이 대학의 학생이거나 직원이고 괴롭힘을 당하고 있다면, 혹은 당신이 아는 누군가가 괴롭힘을 당하고 있다면, 당신에게는 여러 가지 선택이 있다. 대학에는 학생의 고충을 처리하기 위한 부서가 있다. 그 부서가 부당한 처사를 당한 학생이나 교수의 중재자 역할을 한다. 중재 기관은 먼저 교수나 학장에게 직접 연락을 취할 것을 권할 것이다. 협박을 당했다면 바로 경찰에 신고하는 방법도 있다.

"우리가 얘기해볼게요"라거나 "혹시 본인이 상황을 잘못 이해하거나 한 건 아니죠?"라는 말을 대학 측의 답변으로 받아들이지 마라. 향후 당신에게나 다른 학생들에게 다시 이런 일이 일어나지 않도록 조처를 취하겠다는 확답을 받아라. 변호사를 구하는 것이 최선일 수도 있다. 괴롭힘의 정황이 보고되었을 때 기민하게 조처를 취하는 대학도 있지만 학생 측의 고충을 완전히 폄하하거나 무시하는 사례도 많다. 미시간 주립대학의 래리 나사르 사건*과 펜실베이니아 주립대학의 제리 샌더스키 사건**처럼 소송을 피할 수 없는 상황이 될 때까지 비밀에 부치기도 한다.

---

*   미국 국가대표 체조팀과 미시간 주립대 체조팀 주치의로 재직했던 래리 나사르가 265명의 체조선수를 성추행하고 성폭행한 혐의로 체포된 사건.

**   펜실베이니아 대학 미식 축구팀 코치였던 제리 샌더스키가 어린 소년들을 수년간 성폭행한 혐의로 체포된 사건.

직장에서 자신을 지키는 방법

당신이 가스라이터와 일하고 있다면 직장 내 괴롭힘으로 소송을 제기하는 것 외에도, 당신의 사기를 꺾으려는 가스라이터 동료로부터 다음과 같은 방법으로 스스로를 지킬 수 있다.

1. 가스라이터와 단둘이 있지 마라

가스라이터와 회의할 때는 증인을 두어라. 회의 시작 전에 증인을 구하지 못했다면 일정을 다시 잡아라. 중요한 회의 일정을 다시 잡아야 하는 상황이 커리어에 지장을 준다고 생각할 수 있지만, 사실 당신의 커리어는 그 사람과 한 공간에 있지 않는 것에 달려 있다. 만약 가스라이터가 다른 사람이 없는 공간으로 들어온다면, 그곳에서 나오거나 동료를 불러라. 보는 사람이 없으면 부적절하게 만지거나 괴롭힐 확률이 더 높아진다. 가스라이터는 그 일에 대해 거짓말을 할 것이다. 증인이 있는 상황이라면 바르게 처신할 것이다. 그 증인이 가스라이터의 정체를 간파하지 못한 사람이라면 더더욱 그럴 것이다. 만약 당신이 가스라이터와 단둘이 있을 때 일어난 일에 대해 문제를 제기하면, 가스라이터는 사람들에게 당신이 미쳤다고 말하거나, 오히려 당신이 자신에게 추근거렸다고 말할 것이다. 앞서도 말했듯, 가스라이터는 당신을 몰아내는 가장 효율적인 방법이 당신이 미쳤다고 말하는 것임을 알고 있다.

2. 주 1회 상사를 만나라

주 1회 상사를 만나 당신이 맡은 프로젝트의 진행 상황에 대해 알려라. 모든 것을 기록으로 남겨라. 그렇게 하면 가스라이터가 전부 다 자기가 한 일이라고 주장해도 상사는 이미 당신이 한 일들을 알고 있다. 주 단위로 상사를 만나면 사건이 발생했을 때 당신의 고충을 전달할 기회로 만들 수 있다. 만약 당신의 상사가 가스라이터가 그런 일을 했을 것 같지 않다고 말한다면, 그것도 기록으로 남겨라. 날짜, 시간, 그의 답변 내용을 전부 다 기록하라.

3. 회식자리에서 술을 마시지 마라

회식이나 일과 관련된 사교 모임에서 술 마시는 것을 자제하라. 당신이 조금만 취해도 가스라이터는 당신을 괴롭힐 기회를 포착한다. 당신의 물건을 훔칠 수도 있고, 당신의 행동에 대해 거짓말을 할 수도 있고, 당신을 공격할 수도 있다. 사람들과 어울리기 위해 한 잔 정도는 마셔야 할 것 같으면, 탄산수에 라임을 넣어서 마셔라. 얼핏 보기에 진 토닉처럼 보이고 누구도 알아차리지 못한다. 누군가가 왜 술을 마시지 않느냐고 물으면 운전을 해야 한다거나 항생제를 먹는 중이라고 둘러대라. 그러나 그보다 더 좋은 방법은, 그냥 내키지 않는다고 말하는 것이다.

회식자리에서 술을 마시면 안 되는 또 다른 이유는, 술을 마시면 당신이 가스라이터에게 핀잔을 주고 싶은 충동을 느낄 수도 있기 때문이다. 그런 행동은 좋은 결과로 이어지지 않는다. 가스라이터와의 싸움은 결코 이길 수 없다는 사실을 기억하라. 그들은 싸움을 환영하고, 그 에너지를 즐긴다. 또한 가스라이터들이 회식 자리에서 당신이 '황당한' 행동을 했다며 얘기를 지어낼 때, 당신이 술을 마셨을 경우, 그들의 거짓말에 신빙성이 보태어진다.

4. 기록하고 또 기록하라

가스라이터와의 관계에서 일어난 모든 일을 기록하라. 변호사와 상담하게 되면 기록을 요구할 것이다. 기록에는 다음의 내용이 포함되어야 한다.

- 사건 발생 날짜와 시간
- 당시 동석한 사람
- 누가 무슨 말을 했는지(최대한 정확하게)
- 누가 어떤 행동을 했는지

기록은 업무와 상관없는 개인기기에 저장해두어라. 직장에서 해고당하게 되면 노트북을 압수할 것이고, 그렇게 되면 고용주가 당신의 기록을 손에 넣게 된다. 가스라이터의 행동에 대해 업무용 휴대폰 혹은 업무용 이메일에서 언급하지 마라. 당신의 기록에 암호를 설정해두어라.

5. 새 직장을 구하라

직장 내 가스라이터와 거리를 두는 가장 효과적인 방법은 업무를 바꾸는 것이다. 해당 상사에게서 벗어나거나, 혹은 업무의 형태와 회사의 규모에 따라, 사내의 다른 부서나 다른 지점으로 이동하라. 이것이 가장 쉬운 해결책이라고 말할 수는 없지만, 그렇게 하면 적어도 문제의 근원에서 벗어날 수는 있다. 당신의 고충을 상사에게 전달했는데도 가스라이터가 강등되거나 저지당하지 않으면 아예 직장을 떠나는 것도 고려하라. 전혀 공평하지 않은 방법이라는 걸 나도 잘 알고 있다. 하지만 가스라이터들은 오직 강도를 높여갈 뿐이라는 사실을 명심하라. 다시 말해서, 상황은 오직 악화될 뿐이다.

당신이 직장을 그만두거나 옮기면 가스라이터가 '승리'한 것처럼 느껴질 수도 있다. 그러나 결코 그렇지 않다. 당신이 이긴 것이다. 당신은 유해한 환경으로부터 스스로를 지켜냈다. 직장 내 가스라이팅은 조직 전체의 문제일 수 있다. 당신이 조직 내에서 일어난 불미스러운 사건에 대해 보고했는데도 가스라이터가 여전히 거기서 일하고 있다면, 그것이야말로 그 직장이 유해한 환경이라는 증거일 수 있다. 남아서 계속 괴롭힘을 당하느니, 벗어나는 편이 백번 낫다.

5

학대적인 관계에서
벗어나라

성적 괴롭힘, 데이트폭력, 가정폭력

최근 들어 성적 괴롭힘에 대한 관심이 높아졌고, 그로 인해 가정폭력에 대한 관심도 높아졌다. 가스라이터들은 이 두 가지 폭력 모두에서 가해자다. 조종과 통제는 가스라이터의 삶의 방식이다. 이 두 가지를 이용하여 사람들을 무너뜨리려 한다. 직장에서나 가정에서나 혹은 연인에게 괴롭힘을 당해도, 여전히 희생자는 괴롭힘을 당한 것이 사실이냐는 질문을 받고 그 일을 폭로했다는 이유로 불이익을 당하는 것이 현실이다. 가정폭력 가해자들은 가스라이팅을 통해 희생자들이 스스로를 미쳤다고 믿게 만든다. 따라서 그들이 학대 사실을 폭로해도 아무도 그 말을 믿지 않는다. 이런 악순환으로 가해자의 괴롭힘은 더욱 강도가 높아지고 때로는 희생자를 죽음으로 내몰기도 한다.

미투

영화제작자 하비 와인스타인에 대한 폭로를 시작으로 2017년 소셜 미디어에서 미투 해시태그 운동이 시작되었다. 그러나 사실 미투 운동은 2006년 타라나 버크*가 처음 시작했다. 가스라이터에 의한 괴롭힘은 역사가 길고 주로 여성이 표적이었다. 와인스타인의 성적 괴롭힘 혐의가 폭로되면서 여성들은 와인스타인을 비롯한 여러 가스라이터들에게 당한 오랜 괴롭힘에 대해 나서서 말해도 괜찮다고 생각하게 되었다. 와인스타인의 괴롭힘은 1990년도에 시작되었지만 2017년에 이르러서야 만천하에 알려졌다.

희생자들은 왜 좀 더 일찍 나서지 않았을까? 남을 괴롭히는 가스라이터는 상당한 권력자인 경우가 많다. 희생자들은 이 일들을 폭로하면 일, 가족, 그리고 평판을 잃을 거라는 말을 들었을 것이다. 심지어 해치겠다는, 가족들까지 위험해질 수 있다는 협박도 받았을 것이다. 그리고 "말해봐야 아무도 네 말을 믿지 않을걸" 같은 상투적인 말도 들었을 것이다.

---

* 　뉴욕의 브롱크스 출신의 아프리카계 미국인이자 민권 운동가이며 미투 운동의 창시자. 버크는 2006년에 사회의 널리 퍼져 있는 성적 학대와 성폭행에 대한 인식을 제고하기 위해 '미투Metoo' 문구를 처음 사용했다.

2017년 미투 운동 이후 괴롭힘이 실제로 줄어들었는지는 알수 없지만, 더 많은 희생자들이 목소리를 내고 있는 것만은 분명하다. 여성들(그리고 남성들)은 오랜 세월 동안 괴롭힘을 참아왔고 수많은 희생자들이 여전히 자신의 학대 사실을 밝히는 것을 불편해한다.

이제 우리 사회는 자신의 잘못이 아닌 일에 입을 다물고 부끄러워하기보다는 밖으로 나가 진실을 말해도 안전하다고 느낄 정도로 성숙해졌다. 그러나 갈 길은 아직 멀다. 진실을 말하는 것은 분명 의미 있는 첫걸음이다. 하지만 우리는 여전히 괴롭힘을 줄이고 나아가 사라지게 할 방안, 가해자가 제대로 된 처벌을 받을 방안 모두를 찾아야 한다.

또한 괴롭힘에 대한 명확한 정의도 필요하다. 어쩌면 당신은 괴롭힘을 당하기 전에 그와 시시덕거렸으니 그건 괴롭힘이 아니라는 말을 들었을 수도 있다. 술을 마셨으니 본인이 괴롭힘이나 학대를 '자초한' 것이라는 말을 들었을 수도 있다. 이 점에 대해 분명히 밝혀둔다. **그 누구도 괴롭힘이나 학대를 해달라고 '요구'하지 않는다.** 당신의 의식이 명료하지 않은 상태였다면, 가스라이터가 당신에게 뭐라고 하건, 당신은 동의 의사 또한 밝힐 수 없었을 것이다.

돌이켜 살펴보면, 대부분의 회사 측은 가해자를 비난하기보다는 회사를 보호하려는 경향을 보여왔다. 〈NBC〉의 간판 앵커 매트 라우어가 해고된 것을 그 한 예로 들 수 있다. 매트의 회사 동료가 폭로하기 전까지 회사 측에서는 라우어가 여성들을 성적으로 괴롭히고 있다는 사실을 알지 못했다고 발표했다. 그러나 〈배니티 페어〉에 실린 사라 앨리슨의 인터뷰 기사에 의하면, 사라는 라우어가 〈NBC〉에서 힘없는 인턴, 수습사원, 제작팀 보조 직원들을 괴롭힌다는 얘기를 라우어의 동료로부터 들었다고 했다. 나이 어린 신입사원들은 가스라이터의 표적이 된다. 그들 중 상당수는 직장생활을 처음 시작했을 것이고, 괴롭힘에 대해 발설했다간 해고를 당하거나 다시는 업계에 발을 붙이지 못할 거라는 협박을 들었을 것이다. 너무도 현실적인 두려움이었을 것이다. 〈NBC〉에 근무했던 직원들은 〈버라이어티〉의 기사에서 라우어의 사무실 책상 밑에는 버튼이 있어서 라우어가 그 버튼만 누르면 안에서 사무실 문을 잠글 수 있었다고 증언했다.

그런 가스라이터들은 자신의 권력을 무기 삼아 희생자들을 자신의 통제권 안에 가둔다. 그들은 마치 약탈자처럼 상대를 분석하고, 뒤쫓고, 먹이로 삼는다. 처음에는 모두가 잠재적 희생자다. 그러나 가스라이터는 자유의지를 가진 사람들에게는 관심이 없다. 가스라이터는 자신이 이용할 수 있는 약점을 지닌 사람들을 노린다. 만약 당신이 업계에 이제 첫발을 내디뎠거나 직장생활을 처음 시작한 사람이라면, 그리고 가스라이터가 당신의 성공을 좌지우지할 수 있는 요직에 있다면, 그들의 괴롭힘에 저항할 확률은 줄어든다. 가스라이터는 자신을 거부하거나 그의 행동을 다른 사람들에게 발설하면 **직장에서 해고되는 건 물론이고 이 바닥에 발도 못 붙일 거라고 말할 것이다.** 그 일이 필요한 사람에게 그것은 엄청난 무게를 지닌 말이다. 그래서 굴복하고 침묵한다.

그러나 요즘은 희생자들이 수적으로 우세함을 인지하고 목소리를 내고 있다. 점점 더 많은 기업들이 피해자들의 목소리에 즉각적으로 대처하지 않을 때의 사회적, 법적 파장을 인지하고 있다. 회사 측에서 느끼는 이러한 부담이 가스라이터들의 영향력이 약화되는 결과로 이어지기를 바란다.

가정폭력

가정폭력은 문화권, 성별, 성정체성, 사회계층에 상관없이 어디에서나 일어난다.

폭력의 종류

언어적 폭력

- 소리를 지른다.
- 욕설을 한다.
- 건설적이지 않은 비판을 한다.

- 신변의 안전에 대한 위협을 가한다.
- 쓸모없고 멍청하다고 말한다.
- 인신공격을 한다.
- 당신이 한 행동을 흉내 낸다.
- 당신이 한 말을 따라 한다.

경제적 폭력

- 돈을 허락받고 타 쓰도록 한다.
- 재정적인 정보를 공유하지 않는다.
- 당신이 돈을 관리하지 못하게 한다.
- 집 안의 모든 물건과 자산을 자신의 명의로 한다.
- 용돈 개념으로 돈을 준다.
- 신용카드 혹은 직불카드를 빼앗는다.
- 당신 명의로 신용카드를 발급받지 못하게 한다.
- 직장을 갖거나 돈 버는 것을 허락하지 않는다.
- 당신에게 중요한 물건을 빼앗거나 부순다.

신체적 폭력

- 밀치고, 때리고, 깨물고, 주먹질을 한다.
- 구석으로 몰아세운다.
- 침을 뱉는다.

- 머리카락을 잡아당긴다.
- 나가려는 것을 저지한다.
- 그만하라고 했는데도 계속 간지럽힌다.
- 물건을 던진다.
- 옷을 찢는다.

성적 폭력

- 강간한다.
- 성행위에 동조하지 않는다는 이유로 해치겠다고 협박한다.
- 성관계를 하지 않으면 바람을 피우겠다고 협박한다.
- 성적 능력을 조롱한다.
- 섹스를 노력해서 얻어내는 보상처럼 만든다.
- 파트너에게 매춘을 강요한다.
- 배우자나 연인에게 3자 섹스를 강요한다.
- 동의 없이 성행위를 촬영한다.

정신적 폭력

- 협박한 직후 무기를 자랑하거나 닦는다.
- 다른 사람 앞에서 모욕한다.
- 끊임없이 다른 사람과 비교한다.
- 증거 없이 바람을 피운다고 비난한다.

- 계획이나 약속을 마음대로 취소한다.

- 무시한다. (일명 철벽치기)

- 학대에 관해 말해봐야 아무도 믿지 않을 거라고 말한다.

- 차에 위치 추적 장치를 설치한다.

가정폭력에는 언어적 폭력, 경제적 폭력, 신체적 폭력, 성적 폭력, 정신적 폭력이 있다. 학대자의 목표는 권력과 통제를 획득하는 것이다. 가스라이터는 희생자들에게 권력을 휘두르고 통제하면서 희열을 느낀다.

언어적 폭력에는 소리를 지르거나 욕설하는 것, 쓸모없다고 말하거나, 지속적으로 건설적이지 않은 비판을 하는 것 등이 포함된다. 언어적 폭력을 행사하는 사람들이 항상 소리를 지르는 건 아니다. 가스라이터는 얼굴에 미소를 머금고 악랄한 말을 내뱉는 것으로도 유명하다. 이렇듯 모순되는 행동을 하는 이유는 첫째, 다른 사람이 그들이 행사하는 폭력을 알아차리지 못하게 하기 위한 것이고, 둘째, 희생자가 무방비 상태로 공격당할 때 통제감을 느낄 수 있기 때문이고, 셋째, 가스라이터가 유쾌한 표정을 짓고 있으면 희생자가 경계를 풀기 때문에 공격시점을 포착할 수 있기 때문이다.

경제적 폭력으로는 돈을 쓸 때 허락을 받게 하는 것이나 당신에게 용돈을 주는 것, 당신이 번 돈을 마음대로 쓰지 못하게 하는 것, 모든 물건과 자산을 가스라이터의 명의로 하는 것, 재정 상태에 관한 정보를 당신과 공유하지 않는 것, 당신에게 아무 정보도 주지 않고 모든 돈을 혼자 관리하겠다고 주장하는 것 등이 포함된다. 이것 역시 전부 다 권력과 통제의 문제다. 가스라이터가 당신이 돈을 벌거나 관리하는 것을 막고 있다면 그것은 당신이 재정적으로 독립하지 못했을 때 가스라이터를 떠날 확률이 적기 때문이다.

신체적 폭력에는 사람을 구석으로 몰거나 밀치거나 일부러 발을 걸어 비틀거리게 하거나 꼬집거나 그만하라고 해도 계속 간질이는 것, 머리를 잡아당기거나 깨물거나 침을 뱉거나 주먹으로 때리거나 손바닥으로 때리는 것, 옷을 잡아당기는 것 등이 포함된다. 밖으로 나가려고 할 때 못 나가게 입구를 막는 것도 신체적 폭력에 해당된다. 위험한 상황에서 벗어나려는 사람을 못 나가게 하는 것이라면 더더욱 그렇다. 동물과 아이에 대한 신체적 폭력도 포함된다.

성적 폭력에는 강간, 성행위에 동조하지 않으면 해치겠다는 협박, 성행위를 하도록 강제하는 것, 매춘을 강요하는 것, 섹스를 아예 하지 않는 것, 배우자나 연인이 노력해야만 섹스를 할 수 있도록 하는 것 등이 포함된다.

정신적 폭력에는 협박을 한 뒤에 무기를 자랑하거나 닦는 행위, 다른 사람들 앞에서 배우자나 연인을 모욕하는 행위, 배우자에 대한 야비한 말들을 배우자에게 들리도록 하는 것, 증거도 없이 바람피운다고 비난하는 것, 배우자나 연인의 말과 행동에 대한 벌로 계획을 취소하는 것, 배우자나 연인의 동의 없이 친구나 가족 모임을 취소하는 것, 배우자나 연인에게 미쳐가고 있다고 말하거나 실제로 하지 않은 말이나 행동을 했다고 우기는 것, 예전 애인이나 배우자가 얼마나 훌륭했는지 얘기하거나 욕설하거나 놀리는 것 등이 포함된다.

가스라이터들이 가장 즐겨 사용하는 전술은 정신적 폭력이다. 정신적 폭력은 신체적 폭력처럼 멍이나 상처 같은 눈에 보이는 피해를 남기지 않는다. 가스라이터에게는 정신적 폭력은 가장 이상적이다. 겉으로는 평범한 사람처럼 보이면서 다른 사람에 대한 통제권을 확보할 수 있기 때문이다. 가스라이터는 본인이 너무도 존경받는 사람이라 희생자가 사실을 폭로해도 아무도 그 말을 믿지 않을 거라고 협박한다. 어쩌면 희생자의 주변 사람들도 같은 말을 할지도 모른다. "네가 그 일을 터뜨리면 그 사람 출세에 지장 있을 텐데." **"네가 말해봐야 사람들은 그 사람 말을 더 믿을 텐데."** 그런 경우 희생자들이 자신의 이야기를 털어놓지 못하는 이유는 너무도 분명하다.

폭력의 수위

가정폭력은 처음부터 공격적인 폭력으로 시작되는 게 아니라서 더 무섭다. 처음엔 집착을 보이거나 노출이 심한 옷을 입었다고 지적하는 것처럼 사소하게 시작된다. 그러다가 어느 순간 욕설하고 밀친다. 그다음엔 협박하고, 그다음에는 다치게 한다. 폭력적인 상황에서 자신을 분리시키지 않으면 가정폭력으로 인한 사망은 언제든 일어날 수 있는 일이다. 가정폭력의 강도가 얼마나 빠르게, 혹은 얼마나 서서히 높아지는지에 관한 시간표는 없다. 그러나 시간이 흐를수록 강도가 심해지는 건 분명하다. 거의 모든 경우 폭력의 강도, 지속시간, 빈도가 증가한다.

폭력의 사이클

폭력적인 사람들이 항상 폭력적으로 행동하는 것은 아니다. 이것도 피해자들이 그들을 쉽게 떠나지 못하는 이유 중 하나다. 함께하는 시간의 50퍼센트가 폭력적이고 50퍼센트는 자상하다면 판단이 흐려질 수 있다. **폭력성을 가끔 보인다 해도 그 관계는 폭력적인 것임을 잊지 말기를.** 가스라이터는 100퍼센트 나쁜 사람이 아니다. 그렇다면 모든 게 한결 쉬울 것이다. 그들도 인간답

게 행동할 때가 있다. 주로 자신이 하는 게임이 간파당했다는 생각이 들 때, 너무 빨리 노출될지도 모른다는 두려움이 밀려들 때 그렇다.

2장에서 알아보았듯이 가스라이터는 애정 공세로 관계를 시작한다. 그들의 애정 공세는 너무도 강렬하다. 당신은 그에게 홀딱 반한다. 지금까지 한 번도 해본 적 없는 경험이다. 그는 당신이 완벽하다고 말하고, 당신을 만난 것이야말로 자신에게 일어난 가장 멋진 일이라고 말하고, 평생 당신을 기다려왔다고 말한다. 그러나 상황은 급격하게 바뀐다.

당신을 구름 위에 올려놓았던 가스라이터가 당신을 끌어내리면, 당신이 무슨 짓을 해도 다시 그곳으로 돌아갈 수 없다. 당신을 우상화하던 가스라이터는 이제 당신을 비하하기 시작한다. 이제 그의 눈에 당신은 뭐 하나 제대로 할 줄 아는 게 없는 사람이다. 당신 같은 사람을 애초에 왜 좋아했는지 모르겠단다. 어쩌면 당신은 연애 초기에 학대의 작은 징후들을 발견했을 수도 있다. 당신의 체중이나 외모에 관한 언급, 당신이 어수룩하다는, 심지어 멍청하다는 말. 당신이 나약하거나 자신 없는 모습을 보이면, 가스라이터의 조종과 모욕은 더욱 강도가 높아진다.

가스라이터는 당신의 가족이 형편없고 쓸모없는 사람들이라고 말할 수도 있다. 친구들이 당신에게 나쁜 영향을 준다고, 친구들이 '쓰레기'처럼 혹은 '창녀'처럼 옷을 입는다고 말할지도 모른다. 친구나 가족을 만난 뒤에는 항상 당신이 기분이 나빠져서 돌아온다고, 두 사람의 관계를 지키기 위해서 그 사람들과 보내는 시간을 줄여야 한다고 말할 수도 있다. 두 사람이 함께 보내는 시간이 충분치 않다며, 이런 식이라면 당신을 떠나겠다고 협박할 수도 있다. 이렇게 끔찍하고 불만족스러운 관계는 처음이라고.

혹시 바람피우는 거 아니냐고 의심하면, 당신 미친 거 아니냐고, 집착이 너무 심하다고 말할 것이다. 자꾸만 바람피운다고 생사람을 잡으니 차라리 진짜 바람을 피워야겠다고 말한다. 그들에게 불륜의 증거를 들이밀어도 가스라이터들은 여전히 그런 짓을 한 적이 없다고 잡아떼고, 자기한테 계속 문자를 보내는 여자는 자기한테 집착하는 정신 나간 전 여자 친구라고 말한다. 안 그래도 한동안 당신의 정신 상태가 의심스러웠는데, 이런 의심을 하는 것 자체가 당신에게 정신적으로 문제가 있다는 증거라고 말한다.

당신이 떠나겠다고, 혹은 더 이상은 못 참겠다고 말하면 갑자기 가스라이터가 잘못을 뉘우친다. 그는 자기가 앞으로 잘하겠다고 말한다. 꽃을 사오고 음식을 만든다. 당신이 그에게 원했던 모든 것을 한다. 그러나 선의로 그런 행동을 하는 것이 아니다. 단지 당신에 대한 힘과 통제력을 잃을까 봐 걱정하는 것뿐이다. 2장에서 우리는 '후버링'에 대해 알아보았다. 가스라이터가 당신이 다시 자신의 통제권 안에 들어왔음을 깨닫게 되면 학대의 패턴이

다시 시작되고 그 강도가 높아진다.

허니문에서 폭력, 폭력에서 참회, 참회에서 다시 허니문으로 돌아가는 사이클은 결코 끝나지 않는다. 이 사이클이 되풀이될 때마다 학대의 강도는 높아진다는 사실을 기억하라. 관계를 끝내는 것이 최선이다.

벗어나기

"날 협박했어요. 아이들도 협박했고, 심지어 반려동물도 위협했어요. 이젠 벗어나려고 노력하는 중이지만, 두렵지 않다고 말하면 거짓말이죠." -파티마, 38

당신이 그에게 맞서는 순간, 가스라이터가 급격히 달라지는 모습을 보게 될 것이다. 그들은 충격을 받았다가, 화를 냈다가, 뉘우친다. 결론적으로 말하면, 가스라이터들은 자신의 행동이 사람들에게 알려지는 것을 원치 않는다. 그렇게 되면 자신의 이미지에 먹칠을 하게 되기 때문이다.

희생자들이 가스라이터에게 떠난다고 말할 때, 혹은 그들의 학대 사실을 고소하겠다고 할 때, 가스라이터는 주로 이런 말들을 한다.

- 네 말을 누가 믿겠어?
- 난 반듯한 직장이 있는 사람이고, 넌 아무것도 아니야. 아무도 네 말을 믿지 않을걸.
- 그랬다간 네 직장생활도 끝장날 줄 알아.
- 그랬다간 내 직장생활도 끝장이야.
- 마음대로 해. 이미 다들 네가 반쯤 미쳤다고 생각하니까.
- 그래, 경찰에 신고해. 그 사람들이 널 체포하지, 날 체포할까?
- 우리 둘 다 체포하겠지. 아이들을 보호소에 보내고 싶어?
- 그랬다간 아이들을 데려가 버릴걸.
- 맘대로 해. 아마 다시는 아이들을 못 볼걸.
- 넌 오갈 데 없는 신세가 될걸.
- 당신이 날 학대했던 사실을 전부 다 말할 거야.
- 내가 생활비를 충분히 대지 않는다고? 네가 이만큼 사는 게 누구 덕인데?

가정폭력 희생자들 중에는 가스라이터가 그들을 괴롭힐 때 가스라이터를 촬영한 사람들도 있었다. 가스라이터들은 자신들의 정체가 폭로되는 것을 원치 않기 때문에 그들은 즉각 행동을 멈출 것이다. 그러나 휴대전화를 부수거나 빼앗을 수도 있으니 조심하기를.

가스라이터가 당신의 전화요금을 지불한다면 언제든 당신

의 휴대전화를 볼 권리가 있다고 말할 수도 있다. 휴대전화를 빼앗아서 당신이 친구나 가족과 연락하지 못하게 할 수도 있다. 만약 당신이 가스라이터를 떠날 생각이라면, 비상시에 연락할 사람들에게만 알려줄 비상 휴대전화를 따로 장만하는 방법도 생각해보기 바란다. 그래야 가스라이터가 당신의 휴대전화를 빼앗더라도 외부와 연락할 수 있을 것이다. 휴대전화 요금을 당신이 내고 있는 상황에서 가스라이터가 휴대전화를 부수거나 빼앗는다면 그것은 고의적 파손 혹은 절도에 해당되기 때문에 경찰에 신고할 수 있다.

주디스 우스트Judith Wuest와 매릴린 메릿 그레이Marilyn Merritt Gray 는 학대적인 관계를 정리하기까지 네 단계가 있다고 말한다. 폭력, 탈출, 돌아가지 않기, 정리하고 잊기. 먼저 계획을 세워야 한다. 어디로 갈 것인가? 의약품처럼 기본적인 것들만 챙겨놓은 비상 가방이 있는가? 법률적인 조언을 얻을 곳이 있는가?

가스라이터를 떠나는 것은 당신의 인생에서 가장 힘든 일이 될 수도 있다. 당신이 할 일은 당신 자신을 최대한 잘 보호하는 것이다. 절대 다시 돌아가지 마라. 그리고 앞으로 만나는 사람이 가스라이터이거나 폭력성의 신호가 있는지 항상 주의를 기울여라.

상담을 받는 것은 당신과 아이들에게 반드시 필요한 일이다. 당신과 아이들은 오랜 시간에 걸친 학대의 트라우마에 시달리고 있을 것이고, 그로 인한 감정과 피해를 다스리기 위해, 그리고 자긍심과 독립성을 회복하여 다시는 그 전철을 밟지 않기 위해, 이야기를 나눌 사람이 필요하다.

학대적 관계는 결코 개선되지 않는다는 점을 명심하라. 학대의 강도는 지속적으로 높아지고, 결국 죽음으로 끝나는 경우도 허다하다. 가스라이터들은 자신의 방식이 잘못되었음을 깨닫고, 진심 어린 사과를 하고, 자신의 삶을 개선하려고 노력하는 사람들이 아니다. 그가 뭐라고 말하건 그는 실제로 자신의 폭력성을 개선하기 위해 그 어떤 진심 어린 노력도 하지 않는다. 가스라이터들은 항상 말뿐이고, 앞으로도 항상 말뿐일 것이다. 두 사람이 어떻게든 문제를 해결할 수 있을 거라는 꿈을 버려라. 그 꿈은 통제와 학대의 첫 신호와 함께 이미 끝났다.

폭력성의 신호들

학대적인 관계에서 벗어나는 것이 이 상황에서 살아남는 유일한 기회일 수도 있다는 사실을 명심해야 한다. 가스라이터와의 학대적인 관계를 유지하고 있다면, 그리고 그 가스라이터에게 다음의 신호들이 있다면, 당신은 가정폭력의 피해자가 될 확률이 높다.

- 가정폭력 전과가 있다.

- 폭력 전과가 있다.

- 가정폭력 가족력이 있다.

- 폭력 성향이 갈수록 신체화된다.

- 말로 협박한다. 죽여버리겠다고 대놓고 말하는 것 외에도 "널 오래 봐주진 않을 거야"라는 식의 간접적인 협박도 포함한다.

- 범죄자들과 어울린다.

- 당신을 만나기 이전 혹은 이후에 동물을 학대하거나 불구로 만들거나 죽인 이력이 있다.

지금 당장 떠나라. 지금 떠나지 않으면 실제로 당신과 아이들이 심각한 위험에 처할 가능성이 있다. 피터 제프Peter Jaffe 박사와 그의 동료들은 2017년 논문에서 부모가 헤어지기 직전, 가정폭력의 전력이 있는 경우, 아이들이 학대자의 복수로 희생당할 확률이 높다고 보고한 바 있다. 미국에서는 해마다 4만 명의 아이들이 살해당하고 그들 중 반 이상이 자신의 아버지 혹은 의붓아버지에게 살해당한다.

당신 자신의 행복을 위해 떠날 수 없다면, 아이들의 행복을 위해서라도 떠나라.

가정폭력이 아이들에게 미치는 영향

당신이 가정폭력의 희생자라면, 아이들을 보듬을 정신적 여유가 없을 것이다. 마리아나 뵈클Mariana Boeckel 박사가 이끄는 연구팀의 2015년 조사에 의하면, 가정폭력의 강도가 높을수록 어머니와 자녀 간의 정서적 유대가 약한 경향을 보인다. 어머니와 자녀 간의 정서적 유대가 약할수록 아이의 외상 후 스트레스 장애가 심각하다.

자녀가 가정폭력 상황에 노출되었다면 가스라이터가 반려동물을 학대하는 모습을 자녀가 보았을 확률도 높다. 2017년 셸비 맥도날드Shelby McDonald 박사의 연구팀은 폭력 가정에서 자란 아이들은 동물들이 학대당하는 것을 보고 외상 후 스트레스 장애를 앓을 확률이 상당히 높다는 사실을 밝혀냈다. 가스라이터는 아이를 통제하기 위해 고의적으로 동물을 학대한다.

트라우마 유대와 스톡홀름 증후군

가정폭력에서 가장 이해하기 힘든 대목은 두 사람의 관계 속에서 학대행위가 일어날 때마다 뇌에서 두 사람을 결속시키는 화학작용이 일어난다는 점이다. 한 사람이 가해자이고 한 사람은 희생자인 경우에도 마찬가지다. 이것을 '트라우마 유대'라고 부른다. '스톡홀름 증후군'이라고 불리는 현상도 일어날 수 있는데, 학대의 희생자가 학대자에게 공감하고 심지어 그와 그의 학대행위를 두둔하는 경우를 말한다. 트라우마 유대와 스톡홀름 증후군은 희생자들이 가스라이터와의 학대적인 관계를 끊지 못하는 중요한 두 가지 이유다. 이런 경우 희생자가 학대자를 떠난다는 것은 상상할 수 없을 정도로 힘든 일이다.

가스라이터의 고소

괴롭힘에 대해 보다 편하게 얘기할 수 있게 된 최근의 사회적 분위기는 가스라이터에게도 적용된다. 그들은 괴롭힘의 희생자를 자처하며 허위사실로 고용주나 연인, 혹은 배우자를 고소한다. 불행히도 대부분의 경우가 "그 사람이 이렇게 말했다, 저 사람이 저렇게 말했다"는 식이라 일어나지도 않은 일을 꾸며내고 비방하기가 쉽다. 적법한 절차를 밟는다고 하지만 사실 적법성이 없는 셈이다.

비디오 같은 구체적인 증거가 없는 경우, 적법한 고소인지 아닌지를 구분할 수 있는 간단한 방법은 없다. 그것이 바로 괴롭힘의 희생자들이 쉽게 자신의 상황을 털어놓지 못하는 이유이기도

하다. 만약 당신이 누군가를 괴롭혔다는 허위 비방을 당하게 되면 변호사와 상담하라.

데이트폭력

미국 성폭력 정보 센터에서 발표한 2015년 통계에 따르면 여성 5명 중 1명이 성폭력을 당한 경험이 있고, 그중 80퍼센트가 아는 사람에게 당했다. 데이트 강간은 너무도 현실적인 위험이다. 가스라이터를 사귀고 있는 여성이라면 더더욱. 강간은 결국 권력과 통제의 문제이고, 그것이 바로 가스라이터들이 추구하는 것이다. 가스라이터와 만날 때에는 결코 술잔을 두고 자리를 비워서는 안 된다. 가스라이터가 약을 탈 수도 있기 때문이다. 긴급한 상황에 연락할 곳을 미리 준비해두는 것이 중요하다. 당신이 아무것도 쓰지 않고 문자를 보내더라도 누군가 와서 도와줄 수 있어야 한다.

이 책 전체에 걸쳐 가스라이터를 어떻게 다루어야 하며, 또 어떻게 떠나야 하는지에 관한 조언이 담겨 있다. 어떤 상황에서도 당신은 결코 혼자가 아님을 기억해야 한다.

6

권력에
미치다

~~~~~~

정치, 사회, 소셜 미디어의 가스라이팅

앞서 살펴본 바와 같이 가스라이터들은 관심을 끌고 분노를 유발할 수도 있는 자신들의 행동을 무마하기 위해 사람들을 혼란에 빠뜨리고, 주의를 분산시키고, 피해를 입힌다. 불행히도 이것은 평범한 시민은 물론이고 공인인 경우에도 마찬가지다. 가스라이터들이 그 무대를 정치, 언론, 소셜 미디어로 옮겼을 때 그들이 입힐 수 있는 피해의 규모를 상상해보라. 그들이 안정을 위협하고, 진실을 왜곡하며, 괴롭히고, 행동과 선택을 통제할 수 있는 잠재적 대상은 훨씬 더 커진다.

국가적 차원에서 생각해보면 가스라이터는 수백만 시민의 일상의 근간이 되는 규칙을 제정하거나 폐기할 수 있다. 건강보험의 혜택에 영향을 미치는 법안이나 공기와 물과 식료품의 안전에 관한 법안을 통과시킬 수도 있다. 가스라이터인 개인에게 그런 권력이 주어지는 것이야말로 재앙으로 가는 지름길이다. 공직자가 국민의 요구를 외면할 때 시민들이 신성한 투표권을 행사해 행동을 취하는 것은 너무도 중요하다.

이 장에서 우리는 공적 영역에서의 가스라이팅을 살펴보고, 가스라이팅에 대한 경각심을 늦추지 않고 나아가 우리 자신을 보호할 수 있는 방법에 대해 알아볼 것이다. 우리가 주로 다룰 내용은 다음과 같다.

- 유권자를 상대로 한 정치인의 가스라이팅
- 진실을 추구하기보다는 사람들의 관심을 끌기 위해 왜곡보도를 일삼는 언론의 행태
- 무책임하게 정보를 수집하거나 퍼뜨리는 소셜 미디어

정치판의 가스라이팅

정치인들이 정계에 입문하는 이유는 다양하다. 어떤 이들은 국민을 위해 봉사하려고 정계에 입문한다. 그들은 문제를 해결하고 유권자들의 요구와 관점들을 대변하며 지역사회, 도시, 국가를 모두에게 더 나은 곳으로 만들고자 노력한다. 그들은 최대다수를 돕고 최고의 선을 실현하려 한다. 물론 최고의 선이 무엇인지에 대한 생각은 저마다 다르겠지만 말이다. 어떤 이들은 그보다는

동기가 불순하다. 그들은 그저 조명받기를 갈망하고 권력을 쥐고 통제하는 것에서 짜릿함을 느낀다.

가스라이터 정치인이나 지도자의 공통적인 특징에 대해 알아보자. 가스라이터들이 지니고 있는 일반적인 특징과 상당히 일치한다는 것을 알 수 있을 것이다. 그러나 이들의 가스라이팅은 규모 면에서 차원이 달라 훨씬 더 큰 피해를 일으킨다. 독재자 혹은 권위적인 지도자에 대해서도 다룰 것이다. 그들은 가스라이터가 분명하기 때문이다. 여러 국가의 지도자들 중에서도 가스라이팅을 하는 사례는 흔하게 볼 수 있다. 권력과 통제력을 손에 쥔 그들에게, 기회는 얼마든지 있다.

공적 영역의 가스라이터

1. 자신이 신이라고 생각한다
가스라이터 공직자는 전권을 손에 쥔 듯이 행동하고 모두 자기가 시키는 대로 할 것을 기대한다. 독재자나 막강한 권력을 휘두르는 통치자들은 권력형 가스라이터의 완벽한 사례라고 말할 수 있다. 물론 언제든지 그 지위를 박탈당할 수 있지만, 그들은 마치 전지전능한 신인 양 행동한다.

2. 공감 능력이 부족하다

가스라이터의 특징 중 하나는 공감 능력의 부족으로, 정치권의 가스라이터도 다르지 않다. 미국에서도 그러한 사례를 볼 수 있다. 그들은 국민들의 의료서비스를 비롯해 거동이 불편한 사람들을 위한 무료 급식 배달이나 고등교육 같은 중요한 서비스를 받을 권리를 박탈하는 법을 만들거나 투표한다. 사리사욕을 채우기 위해 시민들에게 터무니없는 세금을 부과기도 한다. 이러한 일은 세계 곳곳에서 벌어진다. 2017년 11월 베네수엘라에서 일어난 놀라운 사건을 예로 들어보자. 베네수엘라 국민은 경제 위기와 3,000퍼센트의 인플레이션으로 굶주리고 있는데도, 독재자인 니콜라스 마두로는 연설 도중 엠파나다*를 꺼내 한 입을 먹고는 연설을 이어갔다.(Lisi 2017) 그는 또한 방송사에 자신의 연설을 생중계할 것을 강요했다.(Hayer 2017)

3. 과대망상증 환자나 마찬가지다

가스라이터 정치인은 자신을 국민을 위해 일하는 사람으로 여기지 않는다. 심지어 자신이 국가의 구원자라는 망상에 빠지기도 한다. 가스라이터들은 법을 개정할 때 공익을 염두에 두지 않

---

*   밀가루 반죽 속에 고기나 야채를 넣고 구운 아르헨티나의 전통요리.

는다. 오직 자신과 자신을 지지하는 사람들의 이익만을 생각한다. 그들이 만든 정책이나 법안이 결국 그들 주머니에 돈을 채우는 것으로 끝나는 건 결코 우연이 아니다.

4. 보복한다

"우리에게 동의하지 않는 사람들과 굳이 논쟁하지 않는다. 그저 그들을 파괴할 뿐." -베니토 무솔리니

당신이 감히 그들에게 맞서기라도 한다면, 혹은 당신의 요구 사항을 밝히기라도 한다면, 권력자인 가스라이터는 당신에게 보복할 것이다. 그는 당신을 표적으로 삼고, 심지어 당신의 가족마저 표적으로 삼을 것이다. 가족을 괴롭혀야 당신이 가장 괴로워한다는 것을 가스라이터는 알고 있다.

5. 책임을 지지 않는다

"내가 최고책임자였으니 책임과 비난을 받아들이긴 하겠지만, 동지들이여, 내가 그들의 죽음에 책임이 있다는 증거를 한 가지라도 대어보라." -폴 포트**

** 캄보디아의 공산당 지도자이자 수상(1976~1979)으로 국민 대학살을 자행했다.

모든 가스라이터들은 권력을 위해 산다. 그러나 권력을 마음대로 휘두르면서도 책임은 지지 않는다. 책임은 항상 남에게 떠맡긴다. 그들은 적을 비난하고 국민을 비난하고 부하들을 비난한다. 누구든, 그리고 모두가 조롱의 대상이다. 자신의 실수임을 모르는 건 아니다. 그들은 분명히 알고 있다. 그러나 언제나, 언제나 남을 탓한다.

6. 지식인을 경멸한다

"책을 너무 많이 읽는 것은 해롭다."-마오쩌둥

권력형 가스라이터는 지식인을 경멸한다. 지식인은 가스라이터의 행동에 반발할 확률이 높기 때문이다. 가스라이터는 과학, 기술, 엔지니어링, 역사 분야의 지식인을 유독 싫어한다. 왜냐고? 그들은 근거를 갖고 자신들을 비방하기 때문이다. 가스라이터들은 도전받는 것을 좋아하지 않는다. 사실에 근거한 도전이라면 더더욱.

7. 보이는 것에 집착한다

사건 혹은 사람이 대중에게 인식될 때 시각적인 부분이 큰 비중을 차지한다는 것을 가스라이터는 알고 있다. 가스라이터 정치인은 다른 사람들을 프레임에서 밀어내 자신에게 집중하게 만들거나, 혹은 그와 반대로 자신의 중요성을 부각시키기 위해 군중의 숫자를 늘린다. 예를 들면, 집회나 정치 행사의 참석자 수를 실제보다 크게 잡는다.

8. 시민이 아닌 돈에 충성한다

가스라이터 정치인들은 주로 한 가지에 충성을 바친다. 바로 돈, 특히 그들 자신의 돈이다. 그들은 돈에 살고 돈에 죽는다. 그들이 유권자들을 위해 일할 거라고 기대하지 마라. 그들은 자신에게 돈을 대는 사람과 조직에 의해 좌지우지된다. 그런 정치인은 너무도 많지 않느냐고 반박할 수도 있겠지만 가스라이터의 경우에는 극단적이다. 가스라이터 정치인은 뇌물 받는 것을 주저하지 않고, 유권자들의 요구가 무엇인지 알지도 못할 뿐 아니라 자신들의 지역구 주민을 만나지도 않는다. **누가 돈을 대는지를 알고 그들의 요구에 따라 행동할 뿐이다.**

미국 총기법이야말로 돈이면 다 된다는 식의 정서가 그대로 반영된 법안이다. 2017년 미국 책임정치센터의 자료에 의하면, 미국 총기협회NRA는 2016년도에 정치인들에게 백만 달러를 기부했다. 1998년도 이후 총기협회는 423만 달러를 미상원 의원들에게 상납했다.(Williams 2017) 그들이 의회에서 총기법에 어떻게 투표했는지 확인해보라. 그게 우연이라고 생각하는가?

9. 말과 행동이 일치하지 않는다

"정치는 말로는 '이것'을 하겠다 하면서 실제로는 '저것'을 하는 행위이다. 하겠다고 말한 일이나 하려고 했던 일을 하게 되지 않는다." -사담 후세인

선거기간에 공약을 남발하다가 막상 당선이 되고 나면 지키지 않는 정치인들은 너무도 많지만 가스라이터는 거의 극단적인 수준이다. 가스라이터는 정정당당한 게임을 주장하지만, 행동이 뒷받침되는 경우는 거의 없다.

10. 소외계층을 국민의 적으로 만든다

가스라이터 정치인들은 자신들의 적을 사회악으로 규정한다. 이런 유형의 정치인들은 국민들의 두려움에 기생한다. 그들은 두려움을 조장하여 국민들을 특정한 집단, 정당, 인종, 세대를 증오하게 만들어 국민을 자기편으로 포섭한다. 그렇게 하면 너무도 쉽게 지금 벌어지고 있는 모든 일들이 그들 탓이라고 말할 수 있기 때문이다. 가스라이터는 모든 것을 특정 집단의 탓으로 돌리고 국민의 절대다수가 그 집단을 증오하게 만든다. 가스라이터는 두려움에 휩싸인 시민들을 끌어모아 가스라이터를 위해 일하게 만든다. 가스라이터는 다수를 조종하는 자신의 능력에서 희열을 느낀다.

11. 이성을 잃은 척한다

여기서 키워드는 '척'이다. 그가 분노에 휩싸이는 것은 연기일 수 있다. 냉혹하고 계산적인 자신의 실체를 감추고 주의를 분산시키기 위한 것이다. '여우처럼 교활하다'라는 말은 가스라이터의 특성을 잘 설명한다. 그들은 자신들이 무슨 짓을 하는지 정확히 인지하고 있다. 군중을 다루는 방법도 알고 있다. 원초적인 두려움을 자극할 때 사람들은 쉽게 조종당한다. 아돌프 히틀러 통치하의 독일이 대표적인 사례다. 히틀러는 고함을 지르고 외국인 혐오를 부추기고 격한 손짓, 과격한 몸짓으로 국민들을 공포로 몰아넣었다. 그는 청중들을 홀리는 페르소나를 창조하며 연기했다. 그렇게 사람들을 끌어들였다.

12. 그들 사전에 '협력'은 없다

가스라이터 정치인은 협력을 믿지 않는다. 그들은 자신의 목표를 위해 사람들 간에 싸움을 붙인다. 그가 원하는 협력은 오직한 가지뿐이다. 바로, 그의 밑에서 일하는 모두가 그가 원하는 대로 움직여주는 것이다. 다시 말해서, 모두가 시키는 대로 해야 한다. 복종하지 않으면 즉각 보복을 당하거나 버림받는다. 상관이 가스라이터인데 당신이 그의 말을 듣지 않았다면, 부디 하늘이 돕기를 바란다. 가스라이터는 그런 불량직원을 결코 용납하지 않는다.

13. 자신에게 의존하게 만든다

부하 직원이나 국민이 가스라이터에게 의존하게 되면, 가스라이터는 무슨 짓이든 할 수 있다. 설령 가스라이터가 황당한 행동을 한다 해도 아무도 따지지 않는다. 가스라이터에게 따진다는 것은 곧 해고를 의미하기 때문이다. 가스라이터 지도자가 의존성을 양산하는 방법 중에는 초기에 약한 동료와 결탁하는 것을 들수 있다. 가스라이터가 약한 동료를 끌고 보다 높은 지위에 오르게 되면, 그 동료는 가스라이터에게 의존하게 된다. 하지만 그 동료가 달갑지 않은 경쟁상대 혹은 대체 가능한 소모품으로 여겨지는 순간 바로 짓밟고 버린다. 가스라이터는 사람들이 자신에게 의존하게 되기를 갈망한다. 그것이 그들의 자기애적 욕구를 충족시켜주기 때문이다.

그 한 예로, 러시아의 황제 니콜라스 2세의 황후 차리나 알렉산드라 페도로브나는 아들의 혈우병을 심령술사 그리고리 라스푸틴이 고쳐주었다고 믿었다. 제1차 세계대전 당시 니콜라스 2세는 러시아 군대를 감독하기 위해 떠나 있었고 라스푸틴은 황후에게 보다 큰 신임을 얻을 수 있었다. 결국 라스푸틴은 러시아 왕조와 국민과 정부를 몰락으로 이끌었다.(Radcliffe 2017)

14. 출처가 의심스러운 정보를 흘린다

"국민들이 아무 생각이 없다는 것이야말로 정부의 좋은 자산이

다."-아돌프 히틀러

〈메리엄 웹스터 사전〉은 '선전propaganda'을 '특정인의 목적을
달성하거나 상대의 목적을 훼손하기 위해 고의적으로 퍼뜨리는
개념, 사실, 혹은 주장들'이라고 정의하고 있다. 가스라이터들은
여론을 선동하기 위해 선전을 이용한다. 물론 그들은 그것을 선
전이라고 부르지 않는다. 선전에는 진실을 말하지 않는 것, 자신
의 주장을 증명하기 위해 잘못된 사례를 드는 것, 사실에 바탕을
두지 않은 일반화 등 여러 가지가 포함된다.

선전은 새로운 개념은 아니다. 고대 그리스와 로마인들도 선
전을 통해 여론을 선동했다.(Jowett and O'Donnell 2018) 가스라이터
들은 사람들을 두렵게 만들고, 분노를 일으키고, 그들을 특정 집
단에 반대하게 만들기 위해 '정보'를 제공한다. 가스라이터들은
정보의 사실 여부에 관심이 없다. 그들의 목표는 권력을 공고히
하는 것뿐이다.

15. 역사의 재구성을 시도한다

가스라이터 지도자는 자신의 출현 이전의 모든 상징과 역사
를 증오한다. 마치 그들이 통치하면서 비로소 역사는 시작되었다
고 국민들을 호도하려는 듯이. 이것은 일종의 문화적 학살이며,
종교 유적지나 건축물을 파괴하는 식으로 표출된다. 2001년도 탈

레반은 다이너마이트로 60층짜리 건물 두 채와 바미안 석불[*]을 파괴했다. 그로부터 70여 년 전 소련의 스탈린은 자국의 무신론 정책을 강화하기 위해 모스크바 구세주 그리스도 대성당의 파괴를 명했다. 가스라이터 지도자에게는 과거, 혹은 다른 가능성을 상징하는 모든 것은 위협으로 간주된다.

16. 스스로에게 특별한 칭호를 부여한다

가스라이터 지도자는 '대통령' 혹은 '왕'에서 머물지 않고 스스로에게 특별한 칭호를 부여한다. 그리고 그 칭호를 통해 자신이 다른 사람들보다 중요한 사람이라는 메시지를 전달한다. 북한의 김일성은 스스로를 '위대한 지도자'라 칭했고, 그의 아들 김정일은 '친애하는 지도자'로 칭했다. 현재 통치자인 김정은은 자신을 '최고 지도자'라고 부른다. 가스라이터들은 자신의 칭호(혹은 이름)를 3인칭으로 사용하고, 스스로를 '짐'이라고 칭하기도 한다.

17. 투사한다

"내가 국민들을 굶주리게 한다는 것은 사실이 아니다. 그것은 너무도 뻔뻔한 거짓말이다. 이것은 이 나라에 얼마나 애국자가

---

[*]　아프가니스탄 바미안 주의 힌두쿠시 산맥의 절벽 한 면을 파서 세워져 있었던 세계 최대의 석불.

없는지, 얼마나 많은 반역죄가 저질러지고 있는지를 보여준다."

-니콜라에 차우셰스쿠**

투사는 가스라이터의 전형적인 행동이다. 그들은 자신의 문제를 남에게 투사한다. 예를 들면, 가스라이터 정치인은 본인이 윤리의식이 부족하고 법을 어기면서 다른 사람을 범법자로 몰아간다. 자신이 중상모략을 하면서 상대방이 자신을 음해한다고 말한다. 그것은 국민들을 혼란에 빠뜨리기 위한 행동이고 자신의 결핍이나 나약함에 대한 불안을 감추기 위한 방편이다. 사람들이 남에 대해 무슨 말을 하는지 주의를 기울여볼 필요가 있다. 때로는 그것이 그들 자신의 모습이기 때문이다.

18. 겉과 속이 다른 반동형성을 보인다

반동형성Reaction formation이란 자신 스스로 받아들일 수 없는 충동이나 욕구를 억누르기 위해 오히려 그와 반대되는 행동을 하는 것을 뜻하는 심리학 용어다. 반동형성은 가족 안에서도 심각한 피해를 일으키지만 정치인들이라면 그들 자신이 하고 있는 행동을 했다는 이유로 다른 사람을 처벌받게 할 수 있다.

**   루마니아의 초대 대통령이자 마지막 공산당 서기장.

예를 들면, 동성애자의 권리운동을 열렬히 비난하는 사람이 알고 보니 동성애자라든가, '가족의 소중함'에 대해 캠페인을 벌이는 사람이 실제로는 여러 차례 불륜을 저질렀다든가, 낙태를 반대하는 정치인이 정작 자신의 연인에게 유산을 강요한다든가 하는 식이다. 정치인의 손에 들어갔을 때 반동형성은 단지 극단적인 위선일 뿐 아니라 끔찍한 결과를 초래한다.

19. 악의적인 거짓말을 반복한다

"지구상에 리비아를 제외하고 민주주의가 존재하는 나라는 없다."-무아마르 카다피*

가스라이터들은 거짓말쟁이로 악명 높다. 만약 그들의 거짓말이 정치인의 확성기를 통해 흘러나오면 국민들의 현실 감각은 크게 훼손된다. 그들은 거짓말을 하고 또 해서, 어느 순간 사람들은 그 말을 믿기 시작한다. 근거가 없어도 상관없다. **커다란 거짓말이 눈앞에 있으면, 스쳐가는 작은 거짓말들은 놓치기 쉬운 법이다.** 가스라이터들은 국가의 안정을 위협하고, 국민들의 현실 감각을 약화시키고, 자신들의 권력을 강화하기 위해 거짓말을 한다.

---

*   1969년 쿠데타로 정권을 잡아 42년간 장기 집권한 리비아의 독재자.

20. 사람들의 뇌리에 남아 있고자 한다

"나는 전 세계에서 비판의 대상이 되고 있다. 그러나 이렇게 논란이 되고 있는 것을 보면, 내가 제대로 하고 있는 것이다." -김정일

가스라이터 독재자들은 무시당하는 것을 못 견딘다. 그들은 관심을 갈망한다. 그들은 사람들의 뇌리에 남아 있고 싶어 한다, 언제 어디서나. 좋은 관심이건 나쁜 관심이건 상관없다. 사람에게 공기가 필요하듯, 그들에겐 관심이 필요하다. 유권자나 추종자의 관심이 가스라이터들에게 정당성을 부여한다. 소셜 미디어는 그런 정치인들에게 원하는 것을 제공하기에 좋은 여건이다. 그들은 단지 관심을 끌기 위해 황당한 발언을 하고, 그들의 발언은 온라인상에서 끊임없이 재생된다.

가스라이터 지도자들은 국민이 굶주리는 상황에서도 자신을 형상화한 예술작품의 제작을 지시하기도 한다. 그들에 대한 관심이 긍정적이건 부정적이건 전혀 개의치 않는다는 점을 기억하라. 그들에게 관심은 그저 관심일 뿐이다. 김정일은 엄청난 숫자의 초상화 제작을 지시하여 북한 전역에 설치했다. 이오시프 스탈린은 러시아 전역에 자신의 동상을 세웠다.

21. 상징에 집착한다

그들은 자신의 권력을 강화할 상징에 집착한다. 대체로 흔히 사용되는 상징을 이용하는데, 합법적인 종교 단체의 상징을 선택해 그것을 변형하여 증오의 상징으로 사용하곤 한다. 아돌프 히틀러는 힌두교, 불교, 자이나교에서 사용했던 고대 종교의 상징 스와스티카를 가져와서 뒤집어 돌린 다음 그 유명한 제3제국*의 상징으로 사용했다. 나치들은 또한 초기 게르만 민족의 룬 문자 중 하나인 오탈라 룬도 사용했는데, 지금까지도 백인 우월주의자들에 의해 사용되고 있다. 십자가와 원의 조합으로 이루어진 켈트 족의 십자가는 고대 유럽에서 시작되어 현재 합법적인 기독교 단체에서 사용하고 있는데, 백인 우월주의자들은 그것을 변형하여 또 하나의 상징으로 사용하고 있다. 익숙한 상징을 가져와서 변형하는 방식은 일반 사람들에게 이상하게 보이지 않으면서도, 다른 추종자들을 식별하는 역할도 할 수 있다는 점에서 강력하다. 이러한 변형된 상징은 지도자나 그룹을 연상시키는 역할도 하지만 한편으로는 두려움을 조장하고 힘을 과시하기 위한 용도로도 사용된다.

---

* 1933~1945년 히틀러 치하의 독일.

22. 주의를 분산시킨다

가스라이터들은 국민을 멋대로 농락하는 방법을 알고 있다. 지지받지 못하는 법안이 제정될 때, 국민의 주의를 분산시키기 위해 황당한 이야기를 하거나 화제를 전환한다. 가스라이터는 싸움을 붙여서 그들이 싸우느라 그동안 가스라이터가 무슨 짓을 하는지 알아차리지 못하게 하거나 대처하지 못하게 만든다.

23. 그들에게 우리는 소모품일 뿐이다

"어느 나라에서건 죽어야 하는 사람은 있게 마련이다. 그들은 한 국가의 법과 질서를 확립하기 위해 희생되어야만 하는 사람들이다."-이디 아민**

"자살하려는 사람들, 그들을 구하려 하지 말라. 중국은 인구가 많은 나라다. 몇 사람 없어도 아무 지장 없다."-마오쩌둥

가스라이터는 자신의 앞길을 가로막는 사람을 죽이는 일도 서슴지 않는다. 주로 다른 사람을 시켜서 죽이는데, 자신은 그런 하찮은 일까지 할 사람이 아니라고 생각하기 때문이다. 상대편이 마음에 안 든다면? 죽이면 된다. 스탈린의 대공포 시대에 '반 소

** 　우간다의 독재자. 1971~1979년까지 장기집권하면서 수십만 명의 양민을 학살, '아프리카의 학살자'로 불렸다.

련' 성향을 가진 사람들 120만 명이 처형되었다.

자신에 대해 기자들이 쓴 글이 마음에 안 든다고? 죽이면 된다. 자신의 말에 반박하는 사람이 있다고? 죽이면 된다. 그 한 예로, 크렘린을 비판하던 전직 소비에트의 요원 알렉산더 리트비넨코는 영국 시민권을 취득하고 영국 정보기관에서 일했다. 리트비넨코는 방사선 물질인 폴로늄 210에 노출되었고, 추측컨대 다른 소련의 전직 요원이 건넨 독이 든 차를 마셨다. 당시 리트비넨코는 체첸 공화국에서 일어난 러시아 전쟁을 공개적으로 비판했던 기자 안나 폴리코브스카야의 암살 사건을 취재하고 있었다. 영국 정부의 조사를 통해 리트비넨코의 독살은 '아마도' 러시아 대통령인 블라디미르 푸틴이 지시한 것으로 보고 있다.

생명의 위협을 느낄 때 사람들이 직언을 할 확률은 낮아진다.

24. 친족을 등용한다

가스라이터는 충성심에 집착하고 그래서 친족을 등용한다. 친족이라면 그들에게 충성할 거라고 믿는다, 다소 지나칠 정도로. 친족이 공직에 있으면 그들의 비리가 드러날 확률도 줄어든다. 그들에게 친족 등용은 불법 행위나 불미스러운 사건을 무마하기 위한 일종의 투자다. 정계의 친족 등용은 거의 예외 없이 국민들에게는 재앙의 레시피다. 특정인의 친족이 개인의 이익을 채우기에 급급할 때, 국가는 몰락한다. 피델 카스트로의 동생 라울 카스트로는 50여 년 가까이 쿠바의 국방부장관으로 재직하다가 2008년 형이 의장직을 사임하면서 쿠바의 대통령이 되었다. 예스맨들만 자신의 곁에 두었기 때문에 그의 가족이 국고를 수탈해도 아무도 대통령에게 따지지 않았다.

만약 당신이 가스라이터라면 당신에게 대들기 두려워하는 사람, 혹은 그들 자신이 원하는 바에 대해 얘기하지 않는 사람들만 곁에 두고 싶을 것이다. 그렇다면 친족을 등용하는 것이 최선이다. 당신의 조종 행동이 가까운 사람들에게 이미 공포감을 심어주었을 것이다. 가족이 당신을 두려워할수록 국민에 대한 당신의 가스라이팅은 더 심해질 것이다. 아무도 이의를 제기하지 않을 것이다.

그러나 자신의 불법 행위가 적발될 위기에 처했을 때, 혹은 친인척 중에 자신의 행동에 이의를 제기하려는 시도를 알아챘을 때, 가스라이터 지도자는 일말의 주저 없이 가족을 희생시킨다. 그 한 예로 김정은은 자신의 고모부이자 국무위원장인 장성택을 처형한 데 이어, 장성택의 가족과 자신의 이복형제를 처형했다. 그리고 장성택이 당과 지도자가 보여준 신뢰와 따스한 사랑을 배신하는 반역 행위에 가담했다는 보도 자료를 냈다.(Ryall 2017, Fisher 2013)

당신이 할 수 있는 일은 무엇인가?

거짓말을 일삼는 정치인에 대해 우리가 할 수 있는 일은 무엇인가? 무엇을 믿고 무엇을 믿지 말아야 하는가? 첫째, 항상 투표권을 행사하라. 투표권은 시민이 자신의 목소리를 낼 수 있는 강력한 수단이다.

가스라이터는 당신이 조용히 입을 다물고 있기를, 소란을 피우지 않기를 바란다. 그들의 계략에 넘어가지 마라. 그들이 가스라이팅을 할 때, 즉 돌출행동으로 주의를 분산시키려 하거나 빤한 거짓말을 하거나 권력을 남용할 때, 그 사실을 말하라. 소셜 미디어를 이용하여 당신의 의견을 말하라.

다시 한번 말한다. **투표권을 행사하는 것은 매우 중요하다.** 너무도 많은 사람들이 그 기회를 놓친다. 당신의 한 표는 당신이 생각하는 것보다 소중하다.

그들은 결국 실패한다

수많은 가스라이터들은 결국 그 자신이 조종의 희생자가 된다. 가스라이터 지도자들이 실패할 확률은 상당히 높다. 다른 사람을 통제하려는 그들의 전략은 결국 역풍을 맞게 되기 때문이다. 1800년부터 독재 이후 민주주의가 확립된 218건의 사건을 분석한 결과, 대니얼 트리스만^{Daniel Treisman} 박사는 사건의 3분의 2는 독재적 지도자의 실수로 유발되었음을 밝혀냈다. 트리스만 박사는 독재 지도자들의 몰락을 자초하는 실수를 네 가지로 구체화했다. 그 네 가지 실수는 다음과 같다.

- 선거를 요구하고 군사적 충돌을 일으켰다가, 거기서 패한다.
- 국민의 고충을 외면하다가 축출당한다.
- 개각을 추진하다가 통제권을 잃는다.
- 마음속으로 민주주의를 수호하는 사람을 지도자로 지명한다.

가스라이터들이 이런 실수를 저지르기가 얼마나 쉬울지 짐작이 갈 것이다. 그들은 오직 자신의 의견만 중요하고 국민의 요구와 자문기관의 조언은 일절 무시한다. 늘 자기가 가장 잘 안다고 생각한다.

모든 독재자는 결국 자신의 빈약한 자존감 때문에 실패한다고 볼 수 있다. 그러나 그렇게 되기까지 너무 많은 사람들이 다치고 죽는다는 것은 비극적인 일이다.

언론의 가스라이팅

정치인들이 여론을 통제하는 방법에는 당연히 언론을 영리하게 활용하는 것이 포함된다. 신문, 라디오, TV가 소수에 의해 통제될 때, 완벽한 가스라이팅 도구가 될 수 있다. 자신들에게 불리한 내용이 검열당하는 것은 말할 것도 없다. 바로 이것이 언론이 독점 기업이 되어서는 안 되는 이유다. 소수 집단이 언론을 장악하게 되면 언론이 국영화될 위험이 상당히 높다. 어떤 독재자는 특정 언론을 힘으로 장악하고, 어떤 독재자는 자체적으로 언론사를 설립한다. 정부가 언론에 영향력을 행사하는 방법도 있다. 공식적으로 언론을 소유하지 않더라도 정부는 언론에 막강한 영향력을 행사할 수 있다. 러시아에서는 정부가 언론인을 검열하고 그들이 웹사이트에 접근할 수 있는 통로를 차단하는 법안을 통과시켰다. 러시아의 언론인들은 협박을 당하거나 공격을 당했다.(Slavtcheva-Petkova 2017)

무엇을 쓰고 무엇을 보여줄지 정부가 관여하기 시작하면 언론인들은 생존을 위해 자기검열을 한다. 심지어 정부가 인터넷을 차단하면, 우리 모두 심각한 위기에 직면한다. 베네수엘라의 대통령 니콜라스 마두로는 자신의 연설을 방영하도록 방송사에 강요했다.(Hayes 2017) 수많은 독재자와 권위적인 통치자들이 그와 똑같은 일을 자행했다. 폭군의 뜻을 거스르는 언론은 살아남지 못한다. 회사는 폐쇄되고 소유주는 수감된다. 내가 텔레커뮤니케이션으로 학위를 받았던 1990년대에는 논설을 제외한 기사에서는 개인의 주관적 관점이 배제되어야 한다는 인식이 있었지만, 요즘엔 통하지 않는다. 소셜 미디어의 범람과 조회 수를 놓고 경쟁하는 새로운 언론들의 등장으로 인해 뉴스와 엔터테인먼트의 경계가 흐릿해졌다. '리얼리티' 프로그램의 스타가 미국의 대통령이 되는 것만 보아도, 실로 초현실주의적인 상황이 아닐 수 없다.

미국의 대통령이 정상 회담 중 특정 언론사에게 회담장에서 나가라고 명령하고, 특정 언론사의 질문에는 답변을 거부한다면, 하나의 방송사만 인정하고 다른 방송사의 뉴스는 '가짜 뉴스'라고 폄하한다면, 취임 첫해에만 2천 개의 가짜 뉴스 혹은 진실을 호도하는 발언을 양산했다면, 문제는 참으로 심각하다.(Kessler 2018 : Washington Post 2018)

항상 출처를 확인하라

정부의 장악과 검열로부터 언론을 수호하는 것은 반드시 필요하다. 뿐만 아니라 우리는 항상 합리적으로 판단하여 신뢰할 만한 언론에 의존해야 한다. 신뢰할 만한 언론은 언론의 윤리강령을 지킨다. 기사는 믿을 만한 정보원에 바탕을 두고 있고 기자의 주관적 의견이 기사에 포함되는 경우에는 그 사실을 분명히 밝힌다.

신뢰할 만한 언론은 실수를 저질렀을 때 그 사실을 인정한다. 그 한 예로, 최근 〈미국 공영방송NPR〉은 뉴스 보도국의 부국장인 마이클 오레스케스가 성추문으로 피소된 후 사임했다는 소식을 전했다. 방송사 측에서 그의 이번 성적 괴롭힘 사실과 〈뉴욕타임스〉 재직 당시에도 성적 괴롭힘 전력이 있었다는 사실을 인지하고 있었는지, 그에 따라 책임 있게 대처했는지 여부에 대해서는 아직 확실치 않다고 보도했다.(Kennedy 2017) 방송사가 방송사 자신의 결함에 대해 보도한 것이다. 이와 대조적으로 〈폭스〉의 뉴스사이트에서 로저 에일스를 검색해보면 그의 성적 괴롭힘에 전력이라든가 그를 고소한 〈폭스〉의 전직 뉴스 앵커 그레첸 칼슨에 대한 언급이 일절 없다.

이것이 바로 언론의 가스라이팅이다. 자신들의 마음에 들지 않는 내용을 지워버리면 그 사건은 그렇게 사라지고 잊힐 거라고 믿는다.

소셜 미디어의 가스라이팅

소셜 미디어는 이제 우리 삶과 떼려야 뗄 수 없는 일부가 되었다. 단 몇 초 만에 사람들과 소통할 수 있다는 건 너무도 매혹적이다. 그러나 한편으로는 우리가 너무도 쉽게 빠져들고 또 길을 잃을 수 있는 토끼굴이기도 하다.

여기서 중요한 것은 책임 있는 소비자가 되는 것이다. 당신이 소셜 미디어에서 읽는 글은 거짓일 수 있을 뿐 아니라 사악한 조종의 의도가 담긴 것일 수도 있다. 2016년 미국 대선 당시 러시아의 해킹을 비롯한 다양한 시도가 있었음이 폭로되었던 충격적인 사건을 생각해보라. 소셜 미디어 회사들은 광고주를 검증하지 않고 수천 개의 가짜 계정들을 보유하고 있다. 가짜 계정들은 여론을 조장하고, 선거의 결과에 영향을 주고, 사회를 뒤흔드는 것을 목표로 한다. 에이브러햄 링컨이 말했듯이 "분열된 집안은 홀로 설 수 없다." 2016년, 러시아 정부는 이 사실을 알고 있었고, 미국 국민들을 분열시키기 위해 소셜 미디어를 이용했다.

소셜 미디어의 조종으로부터 자신을 지키는 방법

소셜 미디어 기업은 사이트 접속자를 기업 측에서 통제하는데 한계가 있다고 주장한다. 불온한 계정들을 전부 다 추적해서 폐쇄하는 것은 거의 불가능하다고 말한다. 그들은 정보의 정확성과 신뢰성을 확인하는 부담을 사용자들에게 전가한다. 그들이 직접 하기에는 너무 복잡하고 비용이 많이 든단다. 적어도 그들의 말에 따르면 그렇다.

- 선동을 위한 계정이나 광고를 보면 즉시 신고하라.
- 페이스북이나 웹사이트 등 특정 그룹에 가입하기 전에 그 그룹을 누가 만들었는지, 그 그룹에 실제로 회원이 있는지 조사해라.

정보의 소비가 주로 온라인상에서 이루어지고 있는 요즘, 우리는 그 어느 때보다도 가스라이팅의 위험에 노출되어 있다. 우리는 정보의 홍수 속에 살고 있다. 그러나 정보의 출처가 정확한지, 혹은 편파적이지 않은지 일일이 확인하지 않는다. 특정 기사를 리트윗하거나 게시하기 전에 재차 확인하는 것이 중요하다. 가짜 계정으로부터 스스로를 지키는 최선의 방법은 항상 경각심을 갖고, 회의적인 태도를 유지하며, 언론의 윤리강령을 준수하는 뉴스매체에만 의존하면서, 당신이 해야 할 몫의 조사를 하는 것이다. 당신이 지지하는 합법적인 목표를 추구하는 단체라는 확신이 들지 않으면, 온라인 조사에 응하거나 청원에 서명하지 말라. 대부분은 개인정보를 수집하기 위한 것이고, 페이스북 스캔들에서도 알 수 있듯이 엄청난 재앙을 초래할 수 있다.

7

커튼 뒤의
그림자

폐쇄 집단, 과격 단체, 사이비 종교의 가스라이팅

사이비 종교 단체가 그리 흔하지 않아서 당신과는 상관없을 거라는 생각이 들더라도 이 장을 읽어볼 것을 권한다. 누구라도, 혹은 어떤 단체라도, 사이비 종교 단체의 행태를 보일 수 있고, 당신을 착취하고 가스라이팅할 수 있기 때문이다. 사이비 종교 단체는 뉴스나 영화에서만 나오는 얘기라고 생각하더라도 이 장에서 당신의 삶과 무관하지 않은 내용을 발견할 수도 있다. 더구나 특정 신념체계(예를 들면, 백인 민족주의처럼)나 종교에 바탕을 둔 과격 단체들에 관한 소식은 점점 더 많이 들려오고 있다.

　폐쇄 집단, 과격 단체, 사이비 종교 단체를 자세히 살펴보면 전형적인 가스라이팅의 특징을 발견할 수 있다. 사람의 마음을 끄는 매력, 책임지겠다는 약속, 주체성을 완전히 상실할 때까지 서서히 강도를 높여가는 심리적 통제, 사랑하는 사람들로부터의 고립, 날아다니는 원숭이, 탈출을 시도하는 사람들에 대한 응징

등. 사이비 종교 단체와 과격 단체들은 어느 나라에나 어떤 문화권에나 존재한다. 그 누구도 안전하지 않다.

그동안 사이비 종교 단체는 수많은 가족을 해체했고, 영구적인 심리적 외상을 입혔으며, 수많은 신도들과 외부인들을 죽음으로 내몰았다. 그들은 한 인간의 정신을 완전히 말살하고 그 자리에 교주가 만든 믿음을 주입한다. 사이비 종교는 인간의 정서적 측면은 물론이고 신체적 건강에도 지속적으로, 심지어 교단에서 벗어난 이후에도 오랫동안 영향을 미친다.

바로 그것이 내가 이 책의 한 장을 할애하여 사이비 종교 단체나 과격 단체를 어떻게 식별하는지, 어떻게 그들의 유혹을 피할 수 있는지, 그들의 조직에 발을 들여놓았다면 어떻게 빠져나와야 하는지, 어떻게 하면 당신이 사랑하는 사람이 거기서 빠져나오도록 도울 수 있는지를 다루는 이유다. 사이비 종교나 과격 단체의 학대와 의존의 덫에 걸린 희생자들이 거기서 빠져나오기란 결코 쉽지 않다.

여러 사이비 종교 단체와 과격 단체는 실제로 하나의 믿음 체계 혹은 종교라기보다는, 사람들에 대한 통제권을 확보하고 그들의 돈과 인권을 유린하는 조직일 뿐이다. 가스라이팅의 형태와 상당히 비슷하지 않은가? 사이비 종교 단체의 신도들은 한 명의 교주 혹은 교주단을 추종해야 하고, 그들을 따르지 않는 것에 대한 처벌은 금전적인 것에서부터 신체적인 것에 이르기까지 다양하다. 때로는 죽음으로 끝나기도 한다. 백인 민족주의자 단체와 같은 여러 과격 단체들도 특정 이념에 초점을 맞추고 거짓말, 왜곡과 같은 가스라이팅의 전형적인 수법으로 회원을 모집한다.

사이비 종교 단체와 과격 단체의 유형

정치적, 종교적, 파괴적 성향을 지닌 다양한 사이비 단체와 과격 단체가 있다. 정치적 성향의 사이비 단체는 정치 활동과 이념을 바탕으로 설립된다. 극좌 혹은 극우 성향을 예로 들 수 있다. 파벌 정치도 여기 해당된다. 종교적 성향의 사이비 단체는 특정한 정신적 혹은 종교적 목적을 표방한다. 기독교에서 파생된 사이비 종교도 있다. 여러분도 들어보았을 '천국의 문' 혹은 '다윗파'가 여기 해당된다. 파괴적 성향의 사이비 단체에 대해서는 많이 알려져 있지 않다. 그들에게 이러한 명칭을 붙이는 이유는 그들의 목표가 다른 집단의 구성원에게 상해를 입히거나 그들을 죽이는 것이기 때문이다. 범죄 집단이나 테러리스트 단체도 여기 해당된다. (여기서 내가 말하는 '테러리스트'란 자신들의 목표를 관철시키기 위해 한 사람 혹은 여러 사람에게 무력이나 폭력을 행사는 모든 단체를 칭한다.)

이 장에서는 주로 종교적 성향의 사이비 단체와 파괴적인 성향의 사이비 단체를 집중적으로 다룬다. 신도들과 신도의 가족들,

그리고 이 사회에 끼치는 막대한 정신적 육체적 피해를 감안했을 때 가장 위험한 단체들이기 때문이다.

사이비 단체 vs 건전한 믿음 체계

"지금은 평범한 교회에 다니고 있어요. 내가 가고 싶을 때 갈 수 있는 곳이죠. 한 주 정도 빠져도 아무 문제가 없다는 걸 알았을 때, 정말 좋았어요."-사디, 40

사이비 종교와 건전하지만 독특하고 틀에 얽매이지 않은 믿음 체계를 가진 종교를 어떻게 구분할 수 있는지 묻는 사람들이 종종 있다. 사이비 종교 단체, 과격 단체, 폐쇄 집단에서는 공통된 건전하지 못한 행태가 나타난다.

- 감금당한다.
- 자유롭게 의사 표현을 할 수 없다.
- 질문을 하거나 교주의 권위를 의심해선 안 된다.
- 이 교단이 다른 곳보다 우월하다고 주입한다.
- 당신보다 교단에서 아이를 더 잘 키울 수 있다고 말한다.
- 가족관계를, 특히 부모와 자녀의 관계를 방해하고 훼손한다.

- 다른 신도가 당신의 자녀를 데려가서 키우고 그게 아이들에게 최선이라고 말한다.
- 자녀를 지정된 학교에 보내야 한다.
- 연로한 신도가 어린 신도와 결혼한다.
- 당신의 배우자를 교단에서 지정해준다.
- 자금이 대체로 교주들에게로 흘러가서 그들은 호사를 누리는 데 반해 신도들은 상대적으로 빈곤하다.
- 자금 운용이 투명하지 않다.
- 거액 혹은 일정액을 기부할 것을 강요한다.
- 사후에 자산을 기부해야 한다고 말한다.
- 자산의 소유권을 전부 다 포기하거나 교단에 기부하라고 말한다.
- 차명으로 사업체를 운영하고 실체를 숨긴다.
- 극단적인 성향으로 인해 합법적인 종교 단체로부터 분리되어 나왔다.
- 과학을 잘못된 것으로 인식한다.
- 엄격한 규율 혹은 법을 가지고 있다.
- 엄격한 복장규율이 있거나 지정된 유니폼을 입어야 한다.
- 먹고 자는 방식이 정해져 있고, 사적인 교류가 교단의 목적에 따라 장려되거나 금지된다.
- 외부에서 사용하지 않는 용어를 사용한다.
- 당신을 교단에 묶어두고 '외부인'에게 정보가 노출되는 것을

막기 위해 고립시킨다.

- 교단 밖 사람들을 비하하는 호칭이 있다.
- 정신적으로, 신체적으로 다양한 처벌이 있다.
- 교단 지도부가 미성년자를 비롯한 다른 신도들을 성적으로 착취한다.
- 교단과 함께, 혹은 교단을 대신하여 범행을 저지르라는 지시를 받는다.
- 정신과 치료를 금한다.
- 어떤 이유에서건 지정된 건물이나 수용소를 벗어나면 미행을 당하거나 보호자를 동반해야 한다.
- 당신에게 찾아온 좋은 기회(이를 테면, 새로운 직장)를 위협으로 인식한다.
- 당신이 교단을 떠날 경우, 교단에 남아 있는 당신의 가족은 당신과의 연락을 끊거나 피하라는 지시를 받는다.
- 교단을 떠나면 스토킹이나 괴롭힘을 당한다.

여러분도 알다시피 상당수가 가스라이터들이 하는 행동이다. 무엇보다도 타인에 대한 강압과 조종, 개인의 이익을 위한 조종, 정서적 · 육체적 · 성적 괴롭힘, 의존성 조장의 측면에서 그렇다. 이런 행위들은 배우자나 연인을 학대하는 가스라이터에게서 발견되는 특징이다. 이제 앞의 목록을 다음의 건전한 단체, 조직,

종교의 특징들과 비교해보라.

- 질문을 허용할 뿐 아니라 권장한다.

- 언제든 떠날 수 있다.

- 아이들이 부모 곁에 머문다.

- 부모 자식 간의 유대를 존중할 뿐 아니라 권장한다.

- 견제와 균형을 제공하는 관리부서가 있다.

- 타당한 교리가 있다.

- 범법 행위를 권유받지 않는다.

- 건전한 가족관계를 권장한다.

- 처벌이 아닌 지도를 받는다.

- 우울과 불안 증세에 대한 정신과 치료를 권장한다.

- 자금 운용이 투명하다.

- 해당 종교 단체에서 운영하는 학교가 있어도 그 학교에 다니는 것을 강요하지 않고 그로 인해 처벌받지 않는다.

어떤 믿음 체계이건 시간이 흐를수록 교리가 경직되고 '불복'에 대한 처벌이 있다면, '그들 vs 우리' 식의 세계관을 갖고 있다면, 지도부에 대한 의심이 처벌로 이어진다면, 언제든 사이비 단체로 변질될 수 있음을 명심하라.

사이비 단체의 특징

1. 종교의 자유를 탄압한다고 주장한다

미국에서도 상황은 다르지 않다. 만약 '외부인'들이 특정 종교 집단을 비판하려 하면, 국민의 '자유'를 침해하는 '반 미국적' 행태라거나, '종교의 자유'를 억압하는 것은 수정 헌법 제1조에 어긋난다는 비난을 가한다. 미국의 수정 헌법 제1조는 종교의 자유, 표현의 자유, 집회의 자유를 허용하는 내용을 담고 있다. 위험한 폐쇄 단체들은 바로 그 헌법 뒤에 숨는다. 미국인들은 헌법에서 보장하는 권리에 이의를 제기하는 것을 원치 않기 때문이다. 미국의 수정 헌법 제1조는 타인을 정신적으로 괴롭히거나 본인의 의사에 반하여 억압하는 단체에는 적용되지 않지만, 그렇다고 해서 사이비 종교 단체나 과격 단체들을 막을 수는 없다.

2. 배타적 성향을 띤다

"진정한 행복에 도달하는 길을 오직 교단에서만 알고 있다고 가르쳤어요. 하지만 실제로 그 행복에 도달하는 방법을 아는 사람은 없더라고요. 내가 십일조를 제대로 하지 않았기 때문이래요." -마리솔, 52

폐쇄 단체들은 신도들에게 오직 교단만이 알고 있는 심오한 진실이 있다고 말하며 신도들을 가스라이팅한다. 그들은 희소성을 강조한다. 교주는 신도들이 조직 내에서 성장하게 되면 더 많이 알게 될 거라고 약속하면서 신비감을 더한다. 물론 그 경지에 오르는 것은 결코 쉽지 않다는 점도 언급된다. 그 '깨달음'의 경지에 도달하려면 불가능에 가까운 시간과 에너지가 소요되고, 대부분의 경우 엄청난 액수의 헌금도 필요하다.

희소성은 사람들로 하여금 보다 큰 공공의 이익보다는 자기 자신의 욕망을 생각하게 만든다. 오직 선택받은 소수의 신도들만이 그 경지에 도달할 수 있다고 말할 수도 있다. 마치 천국은 '진정한 신도'만이 갈 수 있고 그 자리는 한정되어 있다고 말하는 것처럼. 그 단계에 도달하기 위해 많은 시간을 쏟아부을수록, 다른 신도들을 제칠 가능성이 높아진다. 참 재미있는 논리다. 시간, 에너지, 헌신, 돈을 교단에 더 많이 바칠수록 당신이 더욱 특별해진다니 말이다. 과연 그것이 좋은 거래일까?

만약 교주가 삶의 의미와 깨달음을 얻는 방법을 안다면, 그 정보를 모두와 나누고 싶을 것이다. **건전한 조직은 희소성이 아닌 풍족함을 바탕으로 돌아간다.** 그들은 다른 사람들이 어떤 길을 가건 그들의 행복을 기원한다. 폐쇄 단체에서는 희소성을 이용하여 신도들을 처벌하고 통제한다.

합법적인 종교 단체는 풍족함의 개념을 바탕으로 할 뿐만 아니라 한 사람이 전권을 장악하는 폐단을 막기 위해 견제와 균형으로 조직을 운영한다. 물론 그 경계가 항상 선명한 것은 아니다. 당신이 할 수 있는 최선의 선택은, 가스라이팅이 의심되는 모든 상황에서 그렇듯이, 당신의 직감을 따르는 것이다. **어딘가 이상하다 싶으면, 이상한 것이다.**

3. '우리 vs 그들'의 대결구도를 만든다

"교회 밖의 모든 외부인은 다 악마라고 배우며 자랐어요. 선한 사람들은 우리뿐이라고요. 모든 게 우리와 외부세계의 전쟁이었어요. 목사를 의심하면 벌을 받았어요."-자모라, 28

지금까지 살펴본 바와 같이 가스라이터들은 희생자들을 다른 사람들로부터 고립시키는 방식으로 힘을 키운다. 그들은 희생자를 진심으로 생각하는 건 자신들뿐이며, '외부' 사람들은 그렇지 않다고 말한다. 신도들은 서서히 외부세계와의 연락을 끊고, 교단 내 사람들로부터 정서적 경제적 지원을 받으며 급속도로 의존하게 된다. 교단은 외부인을 죄인들, 불경한 자들, 위험한 사람들로 규정한다. 이런 식으로 두려움을 조장하여 신도들로 하여금 상징적으로, 혹은 물리적으로 교단의 울타리 안에 머물게 한다.

4. 특수한 용어를 사용한다

"거기서 빠져나왔을 때 평범한 사람처럼 말하는 법을 다시 배워야 했어요. 교회에서 만든 용어를 내가 얼마나 많이 사용하고 있는지 전혀 몰랐거든요." -로레타, 43

사이비 단체는 새로운 용어를 만들거나 기존 용어를 다른 의미로 사용하는 것으로 자신들의 배타성을 강화한다. 그것은 '우리 vs 그들'의 구도를 강화하기 위한 또 하나의 수단이다. 교단의 신도에게 특정 단어가 어떤 의미인지 물었을 때, 말해줄 수 없다거나 설명을 거부한다면 그것은 적신호다. 내부인만이 사용하는 용어가 있다는 것은 교단의 지도층이 다른 사람들보다 '깨달은' 자이며 똑똑한 사람들이라고 생각하게 만들기 위한 전략일 뿐이다.

5. 간증을 강요한다

"탈출을 시도했어요. 그 벌로 규율을 암송하고, 다시 탈출 시도를 할 경우 어떤 벌을 받게 될지 따라 말했어요. 신성한 삶은 오직 이 교회를 통해서만 얻을 수 있다고 따라 말했어요." -로나, 48

가스라이터들은 '대외적 일관성'을 그들에게 유리한 방식으로 이용한다. 예를 들면, 사이비 단체는 최대한 많은 신도들 앞에서 신앙을 고백하게 한다. 백여 명의 신도들 앞에서 교단과 교주에 충성을 바치겠다고 말하는 것은, 그 자리에 있는 모든 신도들과 일종의 사회적 계약을 맺는 것과 같다. 가스라이터들은 신도들이 일관성 없는 사람으로 보이는 것을 원치 않는다는 것을 알고 있고, 신도들의 충성심을 강화하기 위해 최대한 자주 이러한 간증의 방식을 이용한다.

6. 답변을 모호하게 하거나 회피한다

질문에 대한 답변을 회피하는 것은 가스라이터들의 또 다른 특징이다. 외부인이 교주에게 그 안에서 무슨 일이 벌어지고 있냐고 물으면, 결코 답변을 들을 수 없다. 말해봐야 당신은 이해하지 못할 것이라는 답을 들을 뿐이다. 그것은 외부인이 교단의 신도들만큼 영리하지 않고 깨달음을 얻지 못했다는 의미일 수도 있고, 오직 신도들만이 그 대답을 구할 수 있다는 의미일 수도 있다. 질문에 질문으로 답하기도 한다. 만약 당신이 신도라면 조직의 믿음 체계에 대해 질문했다는 이유로 처벌받을 수 있다. 교주에게 해당 단체의 적법성 여부에 대해 물으면, 당신은 헌법에 명시된 인간의 권리를 침해하고 있다는 답변을 들을 것이다.

7. 조직 내에서 결혼하고 아이를 낳을 것을 종용한다

"목사가 저와 제 아내에게 결혼하라고 했어요. 사실 아내를 잘 알지도 못했죠. 우리 교회에서는 데이트가 허용되지 않아요. 그

점에 대해 이의를 제기하는 사람도 없었어요. 목사님은 항상 옳다고 배웠으니까요."-제이슨, 40

교단의 지도부는 신도들에게 교단 내에서 결혼할 것을 종용하거나 강요한다. 그렇게 하면 두 사람 다 교단에 묶이게 되고 교단을 떠날 확률이 줄어든다. 뿐만 아니라 배우자가 곁에서 항상 일깨워주는 것보다 교단의 이상을 강화하는 방법은 없다. 대부분의 사이비 종교 단체는 신도 수를 늘리기 위해 아이를 낳을 것을 강요한다. 아이를 낳으면 아이들을 세뇌한다. 교단 안에서 태어난 아이는 교단을 떠날 확률이 거의 없다.

8. 세뇌한다

"다른 사람들이 당연하게 생각하는 교회 밖의 일상을 편안하게 누리게 되기까지 아주 긴 시간이 필요했어요."-자넷, 45

사이비 단체는 가스라이팅과 강압을 통해 당신의 믿음 체계를 해체하고, 그 자리에 자신들의 교리를 주입한다. 신도들이 스스로 자유롭게 사고하는 것을 막는다. 이것은 일종의 프로그래밍이다. 사이비 단체의 프로그램에서 벗어나기까지는 수년이 걸린다. 인질로 붙잡힌 사람이 인질범에게 연민과 집착의 감정을 느끼는 현상인 스톡홀름 증후군을 앓고 있는 사람은 기회가 주어져도 인질범을 떠나려 하지 않는다.

사이비 단체의 신도들도 인질과 상당히 유사하고, 그러한 증상을 겪을 수 있다. 공포를 조장하고 처벌을 가함으로써 그들이 심리적으로 교단에 묶여 있다고 느끼도록 조종당했기 때문이다.

9. 떠나는 것을 허용하지 않는다

모든 가스라이팅 관계가 그렇듯 사이비 단체도 처음부터 사이비 단체처럼 보이지는 않는다. **그러다가 어느 순간 벗어나야겠다는 생각이 들면, 이미 너무 늦었다.** 사이비 종교 단체는 신도들의 이탈을 막기 위해 극단적인 방법을 동원한다. 신도가 떠나려 하자 가족들을 전부 다 국외로 추방당하게 하겠다고 협박한 단체도 있었다. 여권을 내주지 않은 경우도 있었다. 어떤 단체는 떠나는 것을 무력으로 막기도 한다.

10. 교주는 규율을 따르지 않는다

사이비 단체의 규율은 엄격하고 처벌은 가혹하지만, 교주도 규율을 지키며 살 거라고 기대하지 마라. 예를 들면, 신도들은 금욕적인 삶을 살아야 한다고 가르치지만 수많은 교주들은 신도들의 돈으로 호화스러운 생활을 한다. 신도들의 혼외 성관계는 금지하면서 정작 자신은 여러 신도들과 성관계를 즐긴다.

11. 당신의 가치관을 말살하고 그들의 가치관을 주입한다

사이비 단체 신도들은 '인지부조화'를 경험하곤 한다. 자신의 가치와 믿음이 교단에서 가르친 것과 상충되는 것을 깨닫게 되기 때문이다. 교단은 다양한 방식으로 신도들의 믿음을 해체하고 그들의 가치와 믿음을 교단의 것으로 대체한다. 자신의 믿음과 상반되는 믿음에 직면할 때 우리에게는 몇 가지 선택이 있다.

1. 상반되는 새로운 정보를 무시한다.
2. 기존의 믿음에 더 헌신한다.
3. 모순적인 정보에 노출되기를 꺼린다.
4. 우리가 느끼는 위압감을 다른 사람들에게 투사한다.
5. 상반되는 정보를 흡수하고 기존의 믿음을 바꾼다.
6. 상반되는 정보를 있는 그대로 받아들이고 두 개의 서로 다른 믿음을 유지한다.

물론 교단은 당신이 5번을 선택하도록 할 것이다. 협박을 통해 세뇌하면서 당신의 가족과 친구들이 쓸모없는 사람들, 혹은 '죄인들'이라고 말하며 오직 교단만이 당신을 보다 높은 차원의 인간이 될 수 있도록 이끌 거라고 말한다. 당신은 무엇이 자신을 위한 길인지 판단할 수 없다. 개인주의는 말살당한다. 교단이 전권을 쥐고 있고, 항상 옳으며, '중간지대'란 없다.

12. 소속감의 욕구를 이용한다

어려운 상황에 처한 사람들, 힘겨운 삶을 살아온 사람들은 비로소 완전한 삶을 살게 해주고 치유해주고 보살펴주겠다는 약속에 취약하다. 교주들은 그런 낌새를 1마일 밖에서도 맡는다. 그들은 아웃사이더라고 느끼는 사람들을 먹이로 삼고 그들을 고립시켜서 다시 그 세계로 돌아갈 수 없게 만들거나 돌아갈 생각 자체를 하지 못하게 만든다. 당신이 방황하고 있고 정신적 나침반이 필요한 상태라면, 교단이 그것을 제공한다. 너무도 터무니없는 대가를 받고서.

교단은 도움을 주는 것처럼 다가가 잠재적 신도들을 유인하고, 교주 혹은 신도 중 한 명과의 관계를 통해 상대를 '그루밍'한다. 새로 들어온 사람이 기존 신도와 관계를 맺게 되면, 교단에 머물 확률과 세뇌당할 확률이 훨씬 더 높아진다.

13. 신도들의 돈을 갈취한다

사이비 단체는 신도들의 돈을 갈취하고, 그들이 말한 용도에 사용하지 않는다. 그 돈이 어디에 쓰였는지 증거를 요구하면 교단을 모독했다고 비난하거나 제명하겠다고 협박한다. 돈을 헌납하는 것은 종종 교단의 신도가 되기 위한 조건이다. 실제로 어떤 교단에서는 충성심의 징표로 일정 금액의 헌금을 내지 않으면 다음 단계로 올라가거나 깨달음을 얻을 수 없다고 말했다.

14. 강제 노동과 인신매매를 행한다

"내 여권을 빼앗았어요. 탈출할 방법이 없었죠. 노동을 강요당했고 매일 구타당했어요."-루비, 23

"신의 뜻을 거스르는 죄를 지었기 때문에 회개하기 위해 노동을 해야 한다고 했어요."-니아마, 38

여러 사이비 단체가 인신매매를 행하고 있다. 현대판 노예제로 불리는 인신매매의 희생자는 전 세계적으로 2,900만 명에 달한다. 그중 90퍼센트는 노동을 착취당하고, 22퍼센트는 성적으로 착취당하며, 550만 명이 아동이다.(국제 노동기구 2012) 노동 착취에는 담보 노동, 강제 노동, 아동 노동이 있다.

담보 노동은 노동을 통한 채무의 이행을 강요하는 것이다. 예를 들면, 전단과 책을 나누어주며 신도를 모집하는 임무를 맡았다고 치자. 어느 날 할당량을 다 배부하지 못하면, 신도들은 그 빚을 갚기 위해 초과근무를 강요당한다. 강제 노동은 말 그대로 희생자들이 폭력과 처벌의 위협을 받으며 강제로 노동하는 것을 말한다. 사이비 단체는 아동의 노동을 착취하는 것으로도 악명이 높다. 안전하지 않은 환경에서 밤낮으로 일하기도 한다.

사이비 종교 단체는 이미 그 자체로 인신매매 단체라고 말하는 사람도 있다. 그들은 신도들을 항상 감시하고, 복종하지 않는다는 이유로 처벌하고, 신도들이 빚을 졌다고 말한다.(Boyle 2015)

두려움과 처벌을 통해 신도들을 강제로 교단에 붙잡아둔다.

15. 반대파를 붕괴시키기 위해 수단과 방법을 가리지 않는다

사이비 단체는 소송을 좋아하기로도 유명하다. 그들은 자신들을 비난하는 사람들을 끝까지 추적하고, 때로는 소송을 걸기도 한다. 단지 그들을 망하게 하는 것이 목적이다. 사이비 단체들은 반대 세력을 재정적으로 무너뜨리는 데 여러 차례 성공했다. 그들은 또한 두려움과 고통을 유발하는 것을 목적으로 반대 세력을 비방하여 다시는 자신들을 비난하지 못하도록 만든다. 그것은 교단을 폄하하거나 그들의 행태를 비방하려는 모든 시도에 대한 일종의 경고이다.

대부분의 사이비 단체가 갖고 있는 또 하나의 특징은, 탈출을 시도하는 사람들을 추적하는 능력이 뛰어나다는 점이다. 그들은 다양한 방법으로 이탈자를 추적하는데, 물리적인 추적은 물론이고 정신적으로도 공격을 멈추지 않는다. 정확히 가스라이터들이 하는 행동이다.

가족이 사이비 종교 단체나 과격 단체에 가담했다면

가족 중 한 명이 사이비 단체나 과격 단체에 가담했다면, 거기서 빠져나오게 하는 일이 너무도 힘들다는 사실을 기억하라. 그는 교주와 교단이 자신을 사랑하고, 자신의 행복을 걱정하는 유일한 사람들이라고 믿도록 세뇌당했고, 자신을 도우려는 모든 시도를 거부할 것이다. 그렇다고 해서 가족을 구하려는 노력을 멈추어선 안 된다. 경찰에 그의 '안부'를 확인해달라고 요청할 수 있다. 그가 재정 문제를 비롯한 다른 개인적 책임을 다할 수 없다고 판단되면 변호사를 만나는 것도 고려하라.

정신 건강 전문가들은 사이비 단체에 가담한 가족과 접촉할 때 작은 것에서 시작하라고 조언한다. 처음에는 교단의 교리에 반박하지 말고, 긴 외출이나 만남도 기대하지 마라. 짧고 간단한 만남을 가져라. 어느 정도 관계가 회복되면, 비록 속도가 느리더라도 방문과 접촉을 늘릴 수 있을 것이다. 1인치씩이더라도 앞으로 나아가는 건 분명하다. 그 교단이 얼마나 나쁜 곳인지, 그가 가족에게 얼마나 큰 상처를 주고 있는지 말하지 않도록 조심하라. 그랬다가는 곧바로 뒤로 물러나 방어 태세를 취할 것이다. 가족을 되찾는 일은 서서히 진행될 것이다. 어떤 식으로 접근하는 것이 좋을지, 관계를 어떤 식으로 회복해야 할지에 대해 정신 건강 전문가의 조언을 구해보자. **인내심을 갖는 것이 중요하다.**

가스라이팅, 사이비 단체, 과격 단체에 대해 공부해두는 것도 큰 도움이 된다. 가족이 가담한 교단이나 단체에 관한 상세한 정보를 확보하라. 당신이 많이 알수록 세뇌당한 가족을 벗어나게 할 확률이 높다.

교단이나 과격 단체를 떠나게 되는 이유는 무엇일까? 키라 해리스Kira Harris 박사의 연구에 의하면 여섯 가지 중요한 요인이 있다. 교단 내에서의 갈등, 교단 내 권력의 변화, 교단 내 본인의 역할에 대한 상충되는 감정, 규율을 지키기 않고 기대에 못 미치는 교주들의 행태, 경찰의 압력, 가족의 영향 등이다. 신도가 교단을 떠나는 데에 가족의 역할은 분명히 있다. 교단의 규율에 위배되는 교주의 행적에 관한 기사나 비디오를 보여주는 것도 교단을 떠나기로 결심하게 만드는 계기가 될 수 있다.

사이비 단체나 과격 단체를 떠날 것을 고려하는 가족이 있다면 탈출과 동시에 안전하게 머물 장소, 가족과 친구들의 격려, 수입을 만들 수 있는 기회가 있음을 알려주는 것이 중요하다. 안전과 안정의 문제가 해결될수록 교단을 벗어날 가능성이 높아진다.

그러나 당신이 가족을 빼내 오기 위해 지금까지 이 모든 방법들을 시도해보았다면, 오히려 당신이 완전히 탈진할 수도 있다. "이 정도면 할 만큼 했다"라고 말할 수 있는 선을 정해두어라. 가족을 사랑하는 것도 좋지만, 당신의 가족은 스스로 선택한 것이고, 그의 선택은 당신의 정신적, 육체적, 심지어 경제적 건강에도 영향을 미쳤다. 그리고 그러한 영향을 받는 것을 멈추어야 할 때도 있는 것이다. 사이비 단체나 과격 단체에서 누군가를 '억지로' 빼내 올 수는 없다.

만약 당신이 사이비 단체에 가담했다면

만약 당신이 사이비 단체에 가담했다면, 그리고 이 책을 읽고 있다면, 그건 정말 놀라운 일이다. 이 책을 손에 넣기까지 당신은 엄청난 일들을 겪었을 것이다. 당신에겐 희망이 있다. 교단 밖에 행복하고 의미 있는 삶이 있다는 것을 기억하기 바란다. 교단은 당신의 의지에 반해 당신을 구금할 수 없다. 그런 행위는 불법 감금에 해당된다.

가장 먼저 해야 할 일은 탈출 계획을 짜는 것이지만, 그 사실에 대해 교단 내의 누구에게도 발설하지 마라. 당신이 흔들리는 것을 그들은 어쩌면 이미 간파했을 수도 있다. 당신을 더 통제하거나 다른 신도들로부터 고립시키려는 시도를 할 수 있으니 주의하라.

외부와의 접촉을 시도하라. 교단의 건물 내에 있는 외부인과 접촉할 땐 특히 조심하라. 감시당할 수도 있다. 탈출에 성공했다면 미행이 없는지 확인하라. 미행이 의심된다면 경찰에 신고하라.

탈출에 성공했다면, 반드시 상담을 받아야 한다. 교단에 오래 있었다면 외부 생활에 적응하기 힘들 것이다. 당신은 학대와 방치, 교육의 박탈을 경험했을 것이고, 타인과의 정서적 교감에 어려움을 느낄 것이다.(Matthews and Salazar 2014) 그러나 당신은 할 수 있다. 천천히 가라.

8

당신의 신경을
박박 긁는 사람들

가족 안에서의 가스라이팅

"계부는 항상 엄마를 가스라이팅했어요. 엄마한테 분명히 어떤 말을 해놓고는, 나중에 '난 그런 말 한 적 없어'라고 말해요. 엄마한테 계부가 그런 말 하는 거 내가 분명히 들었다고 해도, 엄마는 내가 계부를 싫어해서 두 사람을 갈라놓으려고 그러는 거래요. 도저히 못 참겠어요." -리암, 20

앞서 살펴본 바와 같이 가스라이터들에게는 많은 공통점이 있다. 그러나 가족 중에 가스라이터가 있다면 그들을 상대하는 것은 유독 짜증스러울 것이다. 그들에겐 저마다의 특징들과 수법들이 있다. 또한 얽히고설킨 시간과 감정 때문에 그들에게서 벗어나기란 매우 어렵다. 나이가 어리다면 더더욱. 성인이 되어도 명절이나 가족 모임에서 그들을 만나야 하고, 어쩌면 가까이 살게 될 수도 있다. **그들은 곪을 대로 곪은 상처와도 같다.** 그들은 당신을 화나게 하려면 어떤 버튼을 눌러야 하는지 정확히 알고 있다. 그리고 자신들이 일으킨 혼란을 즐긴다.

이 장에서는 집안의 가스라이터를 간파하고 그들로부터 자신을 지키는 방법에 대해 알아볼 것이다.

가족 안에 살아 숨 쉬는 가스라이터들의 특징

1. 그들과 싸워봐야 소용없다

"숙모는 항상 우리 가족 모두가 얼마나 이상하고 얼마나 잘못됐는지에 대해 얘기해요. 자기가 미쳤다는 생각을 한 번이라도 했을까요? 절대 안 했겠죠. 하지만 내가 나서서 얘기하고 싶진 않아요. 숙모는 정말 무섭거든요." -프랑소아즈, 28

가스라이터는 자신의 잘못을 절대 인정하지 않는다. 집안의 가스라이터의 잘못을 지적하면 **그는 "너 너무 예민하다"라든가 "농담도 못 하니"라고 말한다.** 당신이 한 말을 곧바로 당신 앞에서 다른 가족에게 옮겨도 놀라지 마라. 그는 당신에게 보복하기 위해 최대한 당신을 창피하게 만들 것이다. 물러서지 마라. 가스라이터의 행동을 지적하는 것은 엄청난 용기가 필요하다. 그러니 무엇보다도, 인내심을 갖고 버텨라.

2. 명절을 엉망으로 만든다

"아빠는 추수감사절 식사 자리에서 친척들한테 내가 얼마나 속
썩이는 애였는지 얘기했어요. 내가 시도 때도 없이 울었다면서
요. 친척들은 딱하다는 표정으로 날 쳐다봤어요. 난 굳이 반박하
지 않았어요. 그래봐야 소용없는 일이었으니까요. 그때 난 겨우
아홉 살이었거든요."-제임스, 25

가스라이터는 종종 가족이 모이는 자리에서 호신용 스프레
이를 뿌리듯 재를 뿌린다. 가스라이터는 사람들이 행복해하는 꼴
을 못 본다. 행복한 사람들은 그들을 필요로 하지 않기 때문이다.
그 사실이 그를 미치게 만든다. 그는 온갖 술수를 동원하여 즐거
워야 할 가족 모임을 엉망으로 만든다. 삼각관계를 만들거나 사
이를 갈라놓고 싸움을 붙인다. 가족들 앞에서, 혹은 당신이 가족
들에게 처음 인사시키려고 데려온 사람 앞에서 당신에 관한 창피
하고 부적절한 얘기를 늘어놓는다. 당신이 그만하라고 해도.
　가스라이터들은 싸구려 선물을 사기로도 악명이 높다. 자기
자신을 위해서는 돈을 잘 쓰고 심지어 새로 산 물건을 자랑하기
도 하지만, 정작 당신에겐 너무도 허접해서 남한테 줄 수도 없는
물건을 선물하곤 한다. 대부분 그 선물은 당신의 관심이나 취향
과는 전혀 상관이 없다. 가스라이터의 이런 행동에는 독립적이고
행복한 사람인 당신에 대한 처벌의 의미가 담겨 있다.

3. 강요한다

"어렸을 때 난 거의 방에만 틀어박혀 지냈어요. 엄마가 내게 일을 시키면, 매번 내가 제대로 못 하거나 빨리 못 했거든요. 난 엄마가 고맙다는 말은 고사하고, 단 한 번이라도 야단 좀 안 쳤으면 좋겠다고 생각했어요. 엄마가 시키는 일을 10분 내로 해치우지 않으면… 난리가 났거든요." -제라드, 44

가족 가스라이터는 실제로는 당신에게 전혀 선택권이 없었는데도 당신이 선택한 거라고 생각하기를 원한다. 이래도 탈이고 저래도 탈이다. 시키는 일을 하지 않으면 안 했다고 혼나고, 시키는 일을 하면 일을 망쳤다고 혼난다. **하지만 기억하라. 당신에게는 선택권이 있다.** 가스라이터는 당신에게 그 무엇도 강요할 수 없다. 그러나 가스라이터와 평생을 살다 보면 자신에게 선택권이 있다는 사실을 잊곤 한다.

4. 중독자일 확률이 높다

"아빠가 언제 술에 취했는지 알 수가 없었어요. 취하지 않은 모습을 본 적이 없으니까요." -히스, 25

"아빠가 있을 땐 항상 눈치를 봤어요. 특히 오후 5시 이후에요. 그때가 술을 마시기 시작하는 시간이거든요. 난 투명인간이 되었어요." -사울, 34

지금까지 살펴본 것들을 통해 가스라이팅이 그 자체로 하나의 중독임을 알 수 있을 것이다. 가스라이팅은 다른 사람을 통제하고 불안정하게 만들어서 권력을 획득하는 것에 대한 중독이다. 가족 중에 중독자가 있다면 그들은 누구보다도 가스라이터일 확률이 높다. 중독자의 관심은 오직 한 가지뿐이다. 다음에 쓸 약물을 구하는 것. 중독이란 그런 것이다. 약물에 대한 욕구가 더 높은 차원의 사고를 하는 능력을 가로막는다. 그런 사람을 당신은 어떤 식으로 대해야 할까?

중독자 가스라이터는 당신을 가스라이팅해서 죄책감을 유발시키고 당신에게서 돈이나 물건을 뜯어낸다. 거기 말려들지 마라. 돈도 물건도 결코 돌려받지 못한다. 가족 중에 중독자 가스라이터가 있다면 당신의 집에 혼자 있게 하지 마라. 현관문 비밀번호를 바꾸어라. 귀중품을 당신만 열 수 있는 금고에 보관하라. 욕실 캐비닛에 그 어떤 약도 두지 마라. 중독자들은 그저 약장을 청소하려고 열어보았다고 할 것이다. 당신의 집에 보안시스템을 설치하라.

5. 그들에겐 날아다니는 원숭이가 있다

가족들 모두가 당신처럼 가스라이터를 간파하는 것은 아니다. 가족이나 친구가 당신을 이해해주기를 기대하지 마라. 2장에서 우리는 날아다니는 원숭이에 대해 알아보았다. 날아다니는 원숭이는 가스라이터가 당신을 다시 끌어오기 위해 이용하는 사람이다. 가스라이터는 날아다니는 원숭이에게 당신에게 가서 무슨 말을 해야 할지 알려준다. 날아다니는 원숭이는 고자질쟁이 역할을 하기도 한다. 당신이 가스라이터에 대해 한 말들과 당신 삶의 소소한 얘기들을 가스라이터에게 전한다. 당신이 날아다니는 원숭이에게 가스라이터가 당신을 학대했다고 말하면, 날아다니는 원숭이가 그 얘기를 가스라이터에게 전하고, 가스라이터는 날아다니는 원숭이에게 진짜 미친 사람은 당신이라고 말할 것이다.

당신이 가스라이터와 거리를 두는 이유를 다른 가족에게 말하는 것은 대체로 좋지 않다. 가족의 유대란 때로 너무 끈끈해서 당신이 가스라이터인 가족과 거리를 두거나 연을 끊으면 비난받을 수도 있다. 그러나 당신은 기억해야 한다. 당신은 굳이 변명할 필요가 없다. 결정은 당신의 몫이다. **어떤 이유에서건 상대가 누구이건 당신에게는 거리를 두거나 관계를 끊을 권리가 있다.**

6. 그들에겐 회유자가 있다

"소시오패스에 관한 글을 읽었는데, 우리 언니랑 완전 똑같았어요. 한번은 언니가 너무 황당한 짓을 해서 내가 뭐라고 했더니, 엄마가 바로 달려와서는, 언니가 힘들게 살고 있으니 언니한테 잘 하라는 거예요. 힘들게 살았다고요? 지금 장난해요? 언니는 평생 단 하루도 일한 적이 없고 부모님이 지금까지 다 돈을 대주

었어요."–나이마. 22

　가족 중에는 가스라이터와 잘 지내려 노력하는 사람이 보통 한 명은 있다. 회유자는 다른 사람들이 가스라이터에게 대드는 것을 싫어한다. 일종의 생존전략으로 갈등의 회피자가 되기를 선택한 것이다. 만약 당신이 회유자라면, 자신에게 그 이유를 물어보라. 가스라이터가 두려운가? 무엇이 정상이고 무엇이 정상이 아닌지 분간하기가 어려운가? 만약 당신이 긴 시간 가스라이터와 함께 살았다면 무엇이 정상인지 판단하기 힘들 수도 있다.

　가스라이터를 달래야 할 때 내적 갈등을 느낄 수 있다. 솔직한 감정 표현은 허용되지 않기 때문에 내적 분노를 느낄 수도 있다. 감정을 표현했다간 가스라이터의 엄청난 분노를 감당해야 하기 때문이다.

7. 당신이 기뻐할 때 함께 기뻐하지 않는다

"시어머니는 항상 우리한테 언제 손자를 낳아줄 거냐고 물었어요. 오랜 시간 노력한 끝에 마침내 임신을 했죠. 그 소식을 시어머니에게 전했더니 처음 하는 말이 '내가 애 봐줄 거라고 기대하지 마라'였어요."–로니. 30

"엄마는 내가 법대에 진학해야 한다고 했어요. 법대가 아니면 가지도 말랬어요. 본인은 대학에 안 갔으면서. 내가 수석으로 대학을 졸업했는데, 엄마가 졸업식날 이러는 거예요. '뭘 그렇게 좋아하니? 취업이 된 것도 아닌데.'"-제이콥, 33

가스라이터는 당신이 그에게서 독립했음을 보여주는 성취를 폄하하려 한다. 당신이 집안에서 처음으로 대학에 진학하게 되었을 때 가스라이터는 다 시간 낭비라고, 혹은 네가 그렇게 잘났냐고 말할 것이다. 정신적으로 건강한 가족이라면 대학에 진학하게 된 것을 함께 기뻐할 것이다.

예시에 나온 로니와 제이콥의 어머니처럼 가스라이터는 상반된 메시지를 보내기도 한다. 가스라이터는 당신에게 무언가를 요구하다가 막상 당신이 그것을 주면, 당신의 노력을 폄하하면서 그런 걸 요구한 적이 없다고 말하거나 당신이 부담을 준다는 듯이 행동한다. 가스라이터가 당신에게 끊임없이 같은 것을 요구했고, 당신이 열심히 노력해서 그 기대에 부응했는데도 여전히 당신은 부족하다는 것을 깨닫는 순간, 너무도 혼란스러울 것이다. 그러나 진실은 이것이다. 가스라이터와의 관계에서는 당신은 결코 그들을 행복하게 만들 수도 없고 그들의 욕구를 충족시킬 수도 없다. 그것은 불가능하다. 그래서 가스라이팅이 병인 것이다.

당신이 잘되었을 때 그들은 결코 기뻐하지 않는다. 무얼 해도 당신은 부족하다. 가족처럼 감정적으로 얽혀 있는 친밀한 관계 안에서 가스라이팅의 방식은 독특하게 나타난다. 당신의 직장상사나 동료도 이들처럼 당신의 신경을 긁진 않는다. 국회의원이나 대통령이 가스라이터인 경우, 화가 나서 펄펄 뛰거나 불안할 수는 있어도, 당신의 삶에 지속적으로 존재하거나 감정적으로 자극하진 않는다.

8. 시련에도 굴하지 않는다

"엄마가 늘 하던 대로 불평을 하던 중이었어요. 그래서 그만 좀 하라고, 내가 유산을 했기 때문에 그런 얘기 들을 기분이 아니라고 했어요. 엄마는 나한테, 왜 그 얘기를 진작 하지 않았느냐고 화를 내고는 곧바로 다시 불평을 시작했어요."-홀리, 28

가스라이터 본인이, 혹은 가족 중 한 사람이 시련을 겪으면 가스라이터가 잘못을 뉘우치거나 착한 사람이 될 거라고 생각할 수 있다. 하지만 그렇지 않다. 가스라이터는 그 시련을 견디고 하던 일을 계속한다. 시련은 가스라이터를 착하게 만들지도, 변화시키지도 않는다. '이번에 힘든 일을 겪었으니 자기 삶을 되돌아보고 사람들을 대하는 방식을 좀 바꾸겠지'라고 생각했던 다른 가족들은 무척 혼란스러울 수 있다. **가스라이터에게 깨달음과 반성은 없다. 상황이 달라질 거라는 기대는 버려야 한다.**

부모의 가스라이팅

"열다섯 살 때 친구가, 우리 부모님이 너무 많이 싸운다는 거예요. 그래서 내가 '너희 부모님은 안 싸워?'라고 물었어요. 안 싸운대요. 가끔 말다툼을 하긴 해도 서로에게 소리를 지르거나 욕을 하진 않는대요. 그때 다른 부모님들은 그러지 않는다는 걸 처음 알았어요."-루비, 35

"항상 나한테 문제가 있다는 생각을 하면서 자랐어요. 나는 분명히 기억하고 있는 일을, 어머니는 그런 일이 일어난 적이 없다고 하는 거예요. 난 내가 미친 줄 알았어요."-라파엘, 65

가스라이터 부모도 있다. 건강한 부모라면 자녀를 지지해주고 보살핀다. 자녀가 행복하고 의미 있는 삶을 살 수 있도록 이끌어준다. 건강한 부모에게 가장 행복한 순간은 자녀가 건강한 어른으로 성장하는 모습을 지켜보는 순간순간이다.

그러나 가스라이터 부모는 자녀를 조종하고, 비하하며, 자녀와 경쟁하면서 한편으로는 자녀가 독립적인 성인이 되는 것을 막는다. 이 장에서 우리는 행복하고 건강한 성인으로 성장하는 자녀의 능력에 가스라이터 부모가 어떤 영향을 미치는지 살펴볼 것이다.

만약 부모 중 한 명이 가스라이터였다면, 당신은 아마도 또

래들보다 행복하고 만족한 삶을 살지 못하고, 연인이나 배우자로 가스라이터를 유독 자주 만날 것이다. 우리는 부모를 통해 세상과 교감하는 방법을 배운다. 부모님이 조종과 간섭을 일삼는다면, 그것을 정상적인 행동으로 여길 확률이 높다.

1. 가스라이터 부모는 자녀의 개성을 좋아하지 않는다

"십 대 시절 엄마에게 처음으로 '싫어요'라고 말했던 날을 기억해요. 왜 그렇게 또렷하게 기억하냐고요? 엄마가 그 후 한 달 동안 나와 말을 안 했으니까요." - 폴리나, 45

"아빠는 철벽치기 선수예요. 어떻게 그렇게 우리가 존재하지도 않는다는 듯이 행동할 수 있는지 모르겠어요. 너무 잔인해요." - 샬롯, 28

각자의 개성을 드러내며 부모로부터 독립하는 것은 정상적이고 건강한 성장 발달 과정의 한 부분이다. 그것은 자녀가 혼자 힘으로 살아가는 법을 배우고 있다는 의미다. 우리는 걸음마 단계에서 첫 개성화를 경험한다. '미운 세 살'은 "싫어"라는 말을 많이 하는 시기다. 십 대 사춘기도 개성화의 시기다. 평범한 부모들은 그 시기를 힘들어하면서도 마음 깊은 곳에서는 자녀가 자기 삶의 주체가 되어가는 것이 좋은 일이라는 것을 알고 있다.

가스라이터에게 자녀의 개성화는 곧 자신의 통제가 느슨해지는 것을 뜻하고, 따라서 개성화를 증오한다. 어쩌면 당신의 부모는 십 대 이전, 사춘기가 시작될 때까지는 다정한 부모였는데 그 뒤로는 당신을 비방하거나, 무시하거나, 철벽을 치기 시작했을 것이다. 어떻게 된 일일까. 가스라이터인 부모가 당신이 더 이상 그들의 '미니미'가 아니라는 사실을 깨닫게 된 것이다. 자녀를 포용하고 사춘기를 정상적인 성장 발달의 한 단계로 보는 대신, 가스라이터는 그 시기를 자신이 버려지는 과정의 시작으로 여긴다. 가스라이터는 그 사실을 도저히 용납할 수 없다.

2. 가스라이터 부모는 자녀를 학대한다

학대는 다양한 형태로 나타날 수 있다. 육체적, 정신적, 성적 학대가 있고, 방치가 있다. 당신이 가스라이터 부모의 자녀라면, 이 중 한 가지 이상의 학대를 경험했을 것이다. 가스라이터의 이러한 행동이 평범한 일상의 한 부분인 것처럼 느껴졌을 것이다. 학대를 당했다면, 전문가와 상담하는 것이 중요하다. 기억하라. 학대는 당신 잘못이 아니다. 모든 책임은 가스라이터 학대자에게 있다.

3. 이중으로 구속한다

"십 대 시절, 엄마는 내가 살이 쪘다고 나무라면서 브라우니와 케이크를 만들어서 그걸 식탁 위에 올려놓았어요." -잘리사, 34

이중구속double bind이란 '이래도 탈, 저래도 탈'인 상황을 뜻하는 심리학 용어다. 당신은 부모로부터 두 개의 상반되는 메시지를 전달받는다. 예를 들면, 엄마가 살을 빼라고 말하면서 브라우니를 잔뜩 만들어놓는 것이다. 빨리 학교 갈 준비를 하라고 하면서 게임기를 건네주기도 한다. 이중구속은 정서적 불안을 유발하고, 어떻게 해도 실패할 수밖에 없도록 덫을 놓는 것이다. 가스라이터는 긴장하는 당신을 지켜보면서 당신을 통제할 수 있다는 느낌을 강화한다.

4. 부모가 자녀와 경쟁한다

"내가 변호사와 사귀기 시작했는데, 한 달 뒤에 엄마도 변호사와 사귀기 시작하더라고요. 내가 차를 샀더니, 엄마가 곧바로 나와 똑같은 차를 샀어요. 사람들은 모방이야말로 가장 진심 어린 아부라고들 하지만, 너무 섬뜩했어요." -사샤, 30

가스라이팅 부모는, 특히 같은 성별인 경우 자녀와 경쟁을 하는데, 그 방식이 종종 너무도 꼴사납다. 십 대 자녀가 아르바이트해서 번 돈으로 옷을 사면, 엄마가 그와 비슷한 옷을 산다. 이러한 모방 행위는 자녀가 성인이 된 이후에도 계속된다. 이것은 단지 자녀와 비슷한 물건을 사는 것으로 자녀와 경험을 공유하고 싶은 욕구의 표현이 아니다. 가스라이터 부모는 자녀가 더 좋은 물건을 갖는 것을 원치 않는다. 자녀가 새 차를 사면 가스라이터 부모도 새 차를 사야 한다. 가스라이터 부모는 '밀리는' 기분을 못 참는다.

건강한 부모는 자녀가 무언가를 성취했을 때 기뻐한다. 자녀의 성취는 자녀가 열심히 노력했고 부모 역시 부모 역할에 충실했기에 이루어지는 것이다. 하지만 가스라이터 부모는 자녀의 성공이 부모로부터 물려받은 것이 아니라 자녀 스스로의 노력으로 일구어낼 수 있다는 사실을 잘 받아들이지 못한다.

5. 자녀를 통해 자신의 꿈을 실현한다

가스라이터 부모는 자녀와 경쟁할 뿐 아니라 자녀를 통해 자신의 꿈을 실현하려 한다. 자녀가 준비가 되기도 전에 데이트를 강요할 수도 있다. 자녀는 체스 클럽에 들어가고 싶은데, 가스라이터 부모는 자신이 고등학교 시절 축구를 하지 못했다는 이유로 축구를 강요할 수도 있다. 부모가 자신들이 갖지 못했던 것을 자녀는 갖게 되기를 바라는 건 자연스러운 일이지만, 가스라이터들은 자녀를 통해 자신의 꿈을 실현하려는 욕구가 병적인 수준이다.

가스라이터는 자녀의 스포츠 경기를 참관하면서 자녀에게 소리를 지르는 부모이기도 하다. 자녀를 격려하거나 응원한다기보다는, 무슨 수를 써서라도 자녀가 이기기를 바란다. 그런 부모에게 휘둘리는 자녀는 성인이 되어서도, 심지어 법을 어겨서라도 항상 부모를 기쁘게 하려고 애쓰는 사람이 되기도 한다.

가스라이터의 자녀는 결코 부모의 기대에 부응할 수 없다. 그
것은 애초에 불가능한 일이기 때문이다.

6. 자녀의 연인이나 친구 앞에서 주책을 떤다

"엄마는 항상 내 앞에서 내 남자 친구한테 부적절한 말을 했어
요. 너무 창피했어요. 그래서 이런저런 핑계를 대고 남자 친구를
집으로 데려가지 않았어요." -셸리. 43

이 문제는 내담자들이 유독 펄펄 뛰는 대목이다. 당신이 남자
친구나 여자 친구를 집으로 데리고 오면, 가스라이터 부모가 추
파를 던지거나 당신에 관한 창피한 이야기를 하진 않았는가? 그
것은 전형적인 가스라이팅 행동이다. 당신이 친구를 데려오는 날,
선정적인 옷을 입고 있는 부모도 있다. 당신의 친구들과 친한 척
하면서 같이 어울리고 싶어 하진 않는가? 가스라이터는 자녀가
자기보다 더 많은 관심을 받는 것을 못 견딘다. 그들에게 이것은
누군가의 애정을 놓고 벌이는 경쟁일 뿐이다. 자녀의 연인이나
친구들이 자기에게 아양을 떠는 것보다 가스라이터 부모가 더 좋
아하는 건 없다. 이것은 결코 채워지지 않는 그들의 자기애적 관
심 욕구의 일부이다.

7. 착한 아이와 나쁜 아이를 설정한다

"형은 항상 크리스마스 때 새 장난감을 선물받았어요. 난 항상 쓰던 걸 물려받았죠. 부모님은 형의 학비는 전부 다 내주고, 나한테는 알아서 하라고 했어요." -모리스, 70

가스라이터 부모가 있는 가정에서는 종종 한 아이는 착한 아이이고 다른 아이는 나쁜 아이다. 착한 아이는 살인도 용서되고, 나쁜 아이는 사소한 잘못으로도 벌을 받는다. 이러한 양상은 성인이 되어서도 이어져서 형제자매 간의 불화를 일으킨다. 형제자매 사이에 병적인 경쟁을 초래하기도 한다. 각자의 역할이 아무 예고 없이 달라질 수 있다는 사실을 명심하라. 이번 주에는 당신이 '착한 아이'인데 그다음 주에는 아무 설명 없이 당신이 '나쁜 아이'가 된다. 때로 가스라이터에게는 누가 착한 아이인지 누가 나쁜 아이인지 상관이 없다. 가스라이터는 1장에서도 언급한 바와 같이 사람을 이상화했다가 비하하기 때문이다. 가스라이터는 인간 본성에 대한 근본적인 이해가 부족하다. 인간이 저마다 다른 개성을 지닌 존재라는 것을 알지 못한다. 가스라이터는 그 순간에 자신이 아이에게 원하는 것이 무엇이냐에 따라, 한 아이를 착한 아이 혹은 나쁜 아이로 본다. 중간은 없다.

이런 상황이 반복되는 것을 멈추기 위해서는, 그러한 행동을 간파하고 가스라이터 부모의 행동에 그 어떤 논리도 없다는 사실을 깨달아야 한다. 당신과 당신의 형제는 부지불식간에 정신적 학대를 당하고 있는 것이다. 형제가 가스라이터가 아니라면 당신이 겪어왔던 부모의 병적인 행동에 대해 툭 터놓고 이야기해보는 것도 좋은 방법이다. 어쩌면 당신의 형제도 당신만큼이나 모욕감을 느꼈을 수도 있다. 부모가 같이 살기 힘든 사람이라고 말하는 것만으로도 대화가 시작될 수 있다.

8. 툭하면 연을 끊겠다고 협박한다

"엄마는 한 주 걸러 날 유언장에서 빼겠다고 협박하곤 했어요. 한번은 집 열쇠를 내놓으라고까지 했어요. 다시는 날 보고 싶지 않다면서. 그러다가 어느 순간 내가 자기를 도와줄 유일한 사람이란 걸 깨닫고 태도가 바뀌었어요. 나 말고 다른 사람들과는 다 관계가 소원했거든요." -도나, 68

"평생 아버지는 내가 나쁜 아들이라면서 날 버리겠다고 협박했어요. 그래서 늘 아버지를 행복하게 해드리려고 노력했죠. 그런데도 유언장에는 내 앞으로 아무것도 남겨놓지 않았더라고요."
-단테, 45

당신이 거리를 둔다 싶을 때 가스라이터들이 자주 사용하는 방법 중 하나는 다시는 당신과 말을 하지 않겠다고, 당신의 물건을 다 내다버리겠다고, 당신과 연을 끊겠다고(유언장에서 배제하겠다고) 협박하는 것이다.

그런 말은 거짓일 가능성이 높다. 그들이 정말 그럴 수 있는지 한번 두고 보라. 그들이 다시는 말을 하지 않겠다고 협박하면 그냥 내버려두어라. 어쩌면 당신 삶에서 가장 평화로운 시간이 될 수도 있다. 결국 가스라이터는 당신에게 다시 연락할 것이고, 주로 자신에게 필요한 게 있을 때이다. 가스라이터가 자신의 욕구를 충족시키기 위해 당신을 이용하고 있다는 사실을 받아들이기란 쉽지 않을 것이다. 그러나 한편으로는, 당신이 상대하는 사람의 실체를 마침내 알게 되었다는 안도감도 느낄 것이다.

절연 협박에 관해서는, 가스라이터는 어차피 당신에게 실제로 남겨줄 것이 거의 없을 수도 있다. 가스라이터들은 대체로 경제관념이 희박하다. 가스라이터는 남에게 잘 보이기 위해 치장하는 데 돈을 많이 쓰고 미래를 대비하는 저축을 잘 하지 않는다. 가스라이터 부모가 사망하는 경우, 설령 사이가 나쁘지 않았다 해도 어차피 유산은 없는 경우가 종종 있다.

벼룩이 옮았다면?

이 책을 읽는 동안 어쩌면 당신은 절대 따라하지 않겠다고 생각했던 부모의 행동을 따라 하는 자신의 모습을 발견했을지도 모른다. 그러나 어렸을 때 목격하거나 경험했던 행동을 그대로 따라하는 것은 자연스러운 일이다. 우리가 가장 먼저 누구에게서 행동을 배우겠는가? 바로 우리의 부모다.

당신이 부모로부터 배운 가스라이팅 행동들을 '벼룩'이라고 부른다. 속담에도 나오듯이, 개들 틈에 누워 있으면 벼룩이 옮는 법이다. 그러니 너무 자책하지 말기를. 주어진 환경에서 어쩔 수 없이 가스라이터의 대처 기술과 조종 기술을 배웠다고 해서 당신이 가스라이터인 것은 아니다. 그러나 그러한 기술들은 부적응행동인 것은 사실이다. 성인이 된 당신에게는 더 이상 그런 기술이 필요하지 않기 때문이다. 어린 시절 아마도 당신은 모든 경계를 침범당한 오갈 데 없는 연약한 아이였을 것이다. 성인이 된 당신은 이제 스스로 경계를 설정할 권리가 있다.

한 가지 짚고 넘어갈 것은, 혹시 당신이 가스라이터라는 생각이 든다면, 당신은 가스라이터가 아닐 확률이 높다. 자기는 절대 가스라이터가 아니라고 생각하는 사람들이야말로 진짜 문제가 있는 사람들이다. 브룩 도네이튼Brooke Donatone 박사는 자신의 논문 〈코렐라인 효과The Coraline Effect〉에서 성격 장애자의 자녀는 성격 장애자로 오진될 가능성이 있음을 밝혔다. 적절한 대처 기술을 배우지 못한 자녀들이 성격 장애자의 행동을 보일 수 있기 때문이다. 앞에서도 언급했듯이 가스라이팅 행동은 자기애적 성격 장애, 연극성 성격 장애, 반사회적 성격 장애, 경계성 성격 장애와 같은 B군 성격 장애를 지닌 사람들에게서 흔하게 나타난다. 당신이 성격 장애 진단을 받았고 당신의 부모가 동일한, 혹은 비슷한 진단을 받았다면 검사를 다시 받아보길 바란다.

다음은 가스라이터에게서 벼룩이 옮았음을 보여주는 신호들이다.

- 거짓말할 필요가 없는 일에 대해 거짓말을 한다.
- 드라마 같은 일이 펼쳐지지 않으면 삶이 이상하고 불편하게 느껴진다.
- 인간관계 속에서 드라마를 양산한다. 그래야 자연스럽게 느껴진다.
- 당신이 필요한 것을 사람에게 말하기보다는 사람들이 알아서 이해해주기를 바란다.
- 직접 말하는 것보다 상대를 조종하여 원하는 것을 얻어내는 편이 더 쉽다.
- 정서적으로 멀게 느껴지는 사람에게 끌린다.
- 가스라이터 부모의 '기술'을 사용한다. 당신의 욕구를 인지하거나 충족시키지 못하는 자녀를 처벌하거나, 대화할 때 소리를 지르거나, 철벽을 치거나, 노골적으로 한 아이를 편애한다.

당신이 가스라이터의 자녀라면 반드시 상담을 받아야 한다.

가스라이터의 자녀는 알코올 중독자의 자녀와 유사한 행동을 보일 수 있으므로 알코올 중독자 자녀를 위한 자료가 도움이 될 수 있다.

가스라이터인 부모와 당신의 자녀

"퇴근하고 집에 왔더니 시아버지가 공포영화를 보고 있는데 아이들이 그걸 같이 보고 있더라고요. 시아버지는 막내 아이가 공포영화를 보면 겁에 질린다는 걸 알고 있었어요. 그분은 그러지 말라고 말하면 일부러 더 그러는 것 같았어요."-니아, 38

"시어머니는 손녀에게 딸기 알레르기가 있다는 걸 알고 있어요. 그런데 응급실에서 전화가 왔더라고요. 아이한테 딸기 아이스크림을 주었대요. 시어머니는 건망증이 없어요. 단지 관심을 즐길 뿐이죠. 그 뒤로 우린 절대 시어머니에게 아이를 맡기지 않았어요."-재키, 35

당신의 부모가 가스라이터라면 당신 자녀에게 각별히 주의를 기울여야 한다. 자녀를 가스라이터 조부모와 단둘이 남겨두지 마라. 안전하지 않다. 가스라이터인 조부모가 당뇨병이 있는 손자에게 초콜릿을 준 사례도 있다. 단 음식을 못 먹게 하다니 부모가 너무 못됐다고 말한 사례도 보았다. 가지 말라고 해도 그들은 아이들을 데리고 공원에 간다. 아이들이 잘못을 저질러서 선물을 사러 갈 수 없다고 해도 아이들에게 선물을 사준다. 그들의 행동에 대해 따지면 "너는 왜 애들이 좋아하는 꼴을 못 보니?"라고 말할 것이다. 자주, 그리고 의도적으로 아이들이 듣는 데서 그렇게 말할 것이다.

자녀를 가스라이터 조부모에게 맡기면 다음과 같은 일들이 발생한다.

- 당신이 정해놓은 규칙을 어긴다.
- 음식 알레르기나 아토피가 있어서 주의해야 할 식습관이 있음을 알고도 지키지 않는다.
- 제때 약을 주지 않는다.
- 아이에게 당신이 훌륭한 부모가 아니라고 말한다.

가스라이터는 관심과 드라마를 즐긴다. 손주와 응급실에 가는 것만큼 극적인 관심과 드라마는 없다. 가스라이터들은 잊어버렸다거나 헷갈렸다고 말하겠지만 이것은 자신의 행동에 담긴 사악한 의도를 은폐하려는 것일 뿐이다. 분명히 말한다. 가스라이터는 당신의 자녀를 의도적으로 해친다. 관심과 권력을 얻기 위해서.

가스라이터 부모의 간병

"어머니가 많이 편찮으신데 약을 '자기 방식'으로 먹겠다고 하고 의사의 지침을 따르지 않아요. 내가 도우려고 하면 나에게 소리를 지르고 내가 쓸모없는 인간이래요." -팸. 45

"어머니는 거동이 조금 불편한데, 자꾸 건강을 해치는 행동을 하고는 내가 달려와 주기를 바라요. 내가 곧바로 달려가지 않으면 불같이 화를 내요." -세스. 40

어쩌면 당신은 병들거나 죽어가는 부모를 간병해야 하는 상황에 처했을 수도 있다. 짐작했겠지만 질병이나 심지어 죽음 앞에서도 가스라이터들은 나아지지 않는다. 오히려 악화된다. 죽음의 문턱에서도 여전히 못된 말을 내뱉는 사람을 지켜본다는 건 참으로 기가 막힌 노릇이다.

가스라이터 부모는 약을 처방된 대로 먹지 않거나 아예 먹지 않는다. 의사의 지침을 따르지 않을 수도 있다. 자신이 자기 병을 의사보다 더 잘 안다고 말할 수도 있다. 가스라이터는 실제로 그렇게 믿는다. 자신의 건강에 대해 그토록 무지한 사람을 돌보아야 하다니 참으로 미칠 노릇이다.

부모의 간병 여부는 당신의 선택이다. 당신이 간병을 맡아야 할 이유는 없다. 당신이 간병하기로 선택한 것이다. 어쩌면 당신은 이렇게 생각할 수도 있다. '나 말고는 딱히 간호할 사람이 없어. 모두와 절연했으니까.' **그래도 여전히 간병은 선택이다.** 의무가 아닌 선택임을 인지하는 것만으로도 조금은 견딜 만해진다.

부모가 병이 들었어도, 언어적 혹은 정서적으로 당신을 학대하는 것은 용인될 수 없다. 지구상에서 부모를 돌볼 수 있는 사람이 오직 당신 하나뿐이라 해도 마찬가지다. 그런 행동은 결코 용인되어서는 안 된다. 학대를 당하고 있다면 도움을 청해라. 조금이라도 간병을 분담해줄 사람을 찾아라.

가스라이터 부모의 사망

"아버지가 세상을 떠났을 때 엄청난 안도감을 느꼈어요. 그다음엔 죄책감이 밀려들더군요. 그런데 제 친구가 이렇게 말해주었어요. '이제 넌 자유야. 넌 그 자유를 누릴 자격이 있어.' 그제야 죄책감이 좀 잦아들었어요."-엘리사, 48

"어머니가 죽고 나서야 진정한 마음의 평화를 얻었어요. 어머니 없이 보낸 첫 번째 크리스마스는 너무나 행복했어요."-애나, 45

가스라이터 부모가 사망하면 안도감을 느끼는 사람들이 많다. 그로 인해 혼란스럽거나 죄책감이 들 수도 있다. 그러나 그것은 너무도 자연스러운 일이다. '복잡한 애도'를 경험하는 것 역시 너무도 자연스러운 일이다. 복잡한 애도란 분노와 해결되지 않은 감정들로 어우러진 슬픔을 일컫는다. 당신의 복잡한 감정을 털어놓을 수 있도록 상담받을 것을 권한다. 누군가가 당신에게 '제대로' 애도하지 않는다고 나무라면, **애도에 있어서 옳은 방식이란 없다는 것을 기억하라.**

애도는 누구나 느끼는 감정이지만 그것을 어떻게 느끼느냐는 저마다 다르다. 가스라이터 부모가 당신에 대한 조종을 잘 숨겨왔다면, 사람들은 부모가 죽었는데 어떻게 그렇게 '멀쩡'할 수 있냐고 말할지도 모른다. 그들이 당신의 부모와 함께 살지 않았다는 사실을 기억하라. 실제로 무슨 일이 있었는지 그들은 알지 못한다.

사람들이 당신의 부모가 정말 훌륭한 사람이었다고, 왜 슬퍼하지 않느냐고 말할 때, 어떻게 대답해야 할까. 무반응이 최선이다. 아무 말도 하지 마라. 당신의 부모가 얼마나 끔찍한 사람이었는지 그들에게 말하면 도움이 될까? 그렇지 않다. 그럴 리가 없다고 말할 것이다. 당신의 진실을 부정하는 사람은 더 이상 필요치 않다.

〈리노 가제트 저널Reno Gazette Journal〉에서 사망한 어머니에 대한 이런 부고를 보았다.

어머니는 평생에 걸쳐 자신이 할 수 있는 모든 방식을 동원해 괴롭혔던 여덟 자녀 중 여섯 명을 남기고 세상을 떠났다. 어머니는 어린 자녀를 방치하고 학대하면서 다른 사람들이 당신의 자녀를 돌보거나 걱정하는 것을 용납하지 않았다. 자녀가 성인이 된 이후에도 자녀들을 쫓아다니며 그들과 그들이 감히 사랑하는 사람들을 괴롭혔다. 어머니를 만난 모든 사람들이, 어른 아이 할 것 없이 어머니의 잔인함에 고통을 겪었고, 폭력, 범죄 행위, 저속함, 다정하고 따뜻한 인류애에 대한 증오심에 희생되었다.

어머니의 악랄하고 폭력적인 삶에 잔혹하게 노출되었던 우리 자녀들은 이 지상에서 그녀가 떠난 것을 자축하는 바이며, 부디 어머니가 자녀들에게 휘두른 모든 폭력, 잔인함, 수치심을 사후세계에서 그대로 겪게 되기를 바란다. 남아 있는 자녀들은 마침내 우리의 악몽이 끝났음을 알고 평화롭게 남은 삶을 살아갈 것이다.

우리는 아동 폭력에 노출된 사람들을 도우며 위안을 얻는다. 어머니의 사망을 알리는 이 부고를 통해 아동 폭력은 결코 용서될 수 없는 파렴치한 행위이며 우리 사회에서 절대로 묵인되어서는 안 된다는 메시지를 다시 한번 전할 수 있기를 바란다. 아동 학대에 대한 전면전을 선포하는 범국민적 운동이 시작되는 것이야말로 현재 우리의 가장 큰 소망이다.

형제의 가스라이팅

가스라이팅을 하는 부모만큼이나 당신을 힘들게 하는 존재가 또 있다면 누구일까? 바로 가스라이터 형제다. 앞서 알아보았듯이, 당신의 형제도 부모의 행동을 통해 가스라이터의 특징들을 체득한 것일 수도 있다. 그러나 때로는 그들 자신이 완벽한 가스라이터가 되기도 한다. 그들은 단지 몇 가지 가스라이팅 행동을 보이는 것이 아니라, 가스라이팅의 화신이 된다. 여기서 우리는 가스라이팅이 형제에게 어떤 영향을 미치는지 알아보고, 가스라이터 형제에 대해 알아볼 것이다.

극심한 경쟁

"언니는 어려서부터 나한테 속임수를 썼어요. 나쁜 짓을 시키면서 시키는 대로 하면 돈을 주겠다고 했죠. 한 번도 돈을 준 적은 없고, 난 매번 언니 때문에 곤경에 처했어요. 언니는 부모님한테 자기는 모른다고 했고, 나만 벌을 받았어요." -브리아나, 24

앞서 언급한 바와 같이 가스라이터 부모는 '착한 아이'와 '나쁜 아이' 시나리오를 당신과 형제들 사이에 설정해놓았을 것이다. 그래서 당신은 오랜 세월 동안 '더 나은' 아이 자리를 놓고 전쟁을 치렀을 것이다. 형제들은 항상 서로를 이기려고 노력했을 것이다. 어머니의 생일을 맞아 당신이 특별한 선물을 준비했다면, 그다음 주 당신의 형제가 더 비싼 선물을 준비했을 수도 있다. 가스라이터는 어차피 선물을 받아도 감사할 줄 모른다. 그러나 중요한 건 그게 아니다. 당신과 당신의 형제가 여전히 가스라이터 부모의 인정과 관심을 얻으려고 싸우고 있다는 게 중요하다. 당신의 부모는 어렸을 때부터 그런 구도를 설정해놓고 형제 사이를 갈라놓았다. 자기의 환심을 사려고 사람들이 다투는 것보다 가스라이터들이 더 좋아하는 건 별로 없다.

이러한 경쟁이 거짓임을 기억하라. 가스라이터 부모로부터 완벽하게 인정받는 일은 결코 없다. 누구에게나 장단점이 있다. 형제와 끊임없이 경쟁하느라 어쩌면 정작 한 인간으로서의 서로에 대해 잘 모를 수도 있다. 그렇다면 당신의 형제를 다른 각도에서 바라보면 어떨까. 당신과 당신의 형제는 가스라이터 부모와 한 집에 살면서 생존 수단으로 가스라이팅 기술을 터득한 것일 뿐 진짜 가스라이터가 아니라는 걸 깨닫게 될 수도 있다. 서로를 제대로 이해하고 나면, 두 사람이 어렸을 때 어쩔 수 없이 누구도 이길 수 없는 경쟁을 했을 뿐임을 깨닫게 될 수도 있다. 심지어 서로를 좋아하게 될 수도 있다. **새 출발을 하기에 너무 늦은 때란 없다.**

당신은 동생의 보호자가 아니다

어렸을 때 당신은, 물론 매번 수포로 돌아갔겠지만, 어린 동생을 가스라이터 부모로부터 보호하려 했을 것이다. 가스라이터의 자녀들 중에는 성인이 된 후에도 어린 동생을 돕지 못했던 것에 대해 엄청난 죄책감을 느끼는 사람들이 많다. 그러나 가스라이터 부모의 조종 강도는 너무도 세기 때문에, 동생이 표적이 되는 것을 막기 위해 당신이 할 수 있는 일은 거의 없다. 동생을 보호하는 것은 당신의 책임이 아니라는 사실을 명심하라. 그것은 부모의 책임이고 그들이 책임을 다하지 못한 것이다.

형제나 자매가 가스라이터라면, 당신이 보호하려 했던 그 아이가 결국 부모와 똑같은 가스라이터임을 알게 되었을 때 분노를 느낄 수도 있다. 어렸을 때 동생을 '구원'하려 했던 당신의 노고를 몰라준다는 생각이 들기도 한다. 당신은 동생을 지키려고 그렇게 노력했건만, 정작 동생은 당신의 삶을 이렇게도 힘들게 만들고 있다니. 안타깝지만, 이제 당신 힘으로 어쩔 수 없는 일이라는 사실을 받아들여야 한다. 동생이 가스라이터라는 사실도 받아들여라. 그들은 결코 당신의 노력을 알아주지 않겠지만, 괜찮다. 당신이 최선을 다했다는 걸 당신 자신은 알고 있다.

자라면서 가스라이터 부모에게 솔직한 자신의 감정을 털어놓을 수 없었다면, 성인이 되어서도 그 두려움이 남아 있을 수 있다. 당신을 화나게 한 사람에게 그 감정을 털어놓을 수 없을 때,

부모 다음으로 가까운 형제에게 감정을 쏟아부을 수도 있다. 어쩌면 당신과 당신의 형제도 그런 상황일 수도 있다. 당신의 형제는 가스라이터인가? 아니면 그저 자신의 분노를 당신에게 쏟아붓는 것인가? 두 사람이 함께 상담을 통해 어린 시절의 상처를 치유하고 관계를 복원하기 위해 노력해본다면 도움이 될 것이다.

가짜 나이팅게일

"엄마가 병이 들었으니 언니가 좀 나아질 거라고 생각했어요. 전혀요. 오히려 더 나빠졌어요." -카테리라, 31

가스라이터 형제는 종종 '영웅' 역할을 자청하며 병들거나 다친 부모를 위해 헌신하기도 한다. 이러한 '구조' 작업은 대체로 연극임을 명심하라. 단지 착한 척하는 것뿐이다. 실제로 부모를 돌보는 사람은 당신일 때조차도 가스라이터인 당신의 형제는 일말의 주저도 없이 그 공을 가로챌 것이다.

만약 가스라이터 형제가 부모를 돌보겠다고 적극적으로 나설 때는 매의 눈으로 지켜보아라. 가스라이터는 노인과 환자를 이용한다. 그들은 부모가 죽은 뒤에 재산을 더 많이 뜯어내려고 부모와 형제 사이를 이간질한다. 늙고 병든 부모로부터 돈을 갈취할 수도 있다. 만약 이런 상황이 벌어지는 것 같으면, 혹은 당신의 부모가 갑자기 특정 형제에게 관심을 기울이고 그를 칭찬한다면, 변호사나 회계사를 고용하여 재정 문제를 점검하거나 간병인을 고용하여 부모가 가스라이터에게 이용당하는 것을 막아야 한다.

부모가 치매를 앓고 있다면 재산 문제를 정리해줄 전문가를 고용하여 형제간의 불화가 생기지 않도록 하는 것이 더 중요해진다. 부모가 정신이 오락가락할 때 행동을 취해 부모를 공격하는 것은 가스라이터에게는 거부할 수 없는 유혹이다.

부모의 죽음과 가스라이터 형제

부모가 죽으면, 가스라이터 형제가 재산을 독차지하려 하지 않는지 지켜보아라. 그는 유서에 적힌 내용에 반대할 것이고 당신의 유산을 가로챌 것이다. 부모가 최근에 유언장을 수정해서 당신의 형제에게 재산을 넘겼다 해도 너무 놀라지 마라. 당신이 할 수 있는 일은 가스라이터에게 반박하고 그를 법정에 세우는 것이다. 과거의 경험을 통해 가스라이터 형제에게 반박해봐야 얻을 게 없다는 걸 알았을 것이다. 변호사의 도움을 받을 수도 있다. 가스라이터 형제가 '착한 아이'이고 부모의 유언집행인으로 지정되었다면 상황이 더 복잡해진다.

가스라이터 자녀

부모가 가스라이터가 아닌데도 자녀가 가스라이팅 행동을 보이는 경우가 있다. 가스라이터 자녀의 부모로 산다는 건 너무도 가슴 아픈 일이다. 당신이 낳은 자식이 당신을 포함한 다른 사람들에게 끊임없이 고통을 유발하는 것을 지켜보아야 하니 말이다. 그런 상황에 처했다면, 아마도 당신은 이미 수많은 밤을 '대체 내가 뭘 잘못했지?'라고 자책하며 잠을 못 이루었을 것이다. 자녀에게 품었던 꿈을 접어야 한다는 것 역시 가스라이터 자녀를 둔 부모가 겪어야 하는 고통이다. 자녀에게 화가 나는 것이 너무도 당연하다.

당신이 스스로를 돌보기 위해 할 수 있는 일들을 몇 가지 제시해보려 한다.

1. 먼저, 자신을 용서하라

이 상황이 당신 잘못이 아니라는 사실을 받아들여라. 때로 사람은 바르지 못한 성품을 지닌 채 태어나기도 한다. 당신의 자녀가 이렇게 된 것이 다 당신 탓이라는 자책을 멈추고 자신을 용서하라. 지금 당신이 이 책을 읽고 있다면, 아이가 행복하고 건강하게 자랄 수 있도록 당신이 할 수 있는 일은 다 했을 거라고 장담한다.

설령 당신 자신이 가스라이팅 행동을 해서 아이가 가스라이터로 성장한 것에 기여했다고 해도, 성인이 된 자녀의 행동은 모든 것이 그 자신의 책임이다. 자녀가 당신을 비난하고 모든 것을 당신의 탓으로 돌린다는 건 용납될 수 없다.

자녀의 가스라이팅 행동에 부분적으로나마 책임을 느낀다면 정신 건강 전문가 혹은 상담 치료사와 상담하는 것도 고려해보기를 바란다. 죄책감의 무게란 너무도 커서, 당신의 판단을 흐리게 하고 건강에도 영향을 미친다. 치료사가 감정을 다스리도록 도울 것이다. **누군가가 당신의 얘기를 들어주는 것만으로 치유가 되기도 한다.** 치료사에게 당신이 직접 본 자녀의 행동을 자세히 설명하라. 자녀의 행동 중 어떤 부분이 당신의 책임이라고 생각하는지도 설명하라. 치료사가 당신의 책임인 것과 당신의 책임이 아닌 것을 구분하도록 도울 것이다.

당신 자신의 잘못된 행동에 대해 자녀에게 사과할 수도 있다. 그러나 가스라이터 자녀는 당신이 원하는 반응을 보여주지 않을 것이다. 정신 건강 전문가와 화해의 방법을 의논하는 것 역시 기대를 현실적인 수준으로 낮추는 데 도움이 될 것이다. 자녀에게 할 말을 미리 연습해보는 것도 좋다. 자녀가 어떤 식으로 나올지 치료사와 역할극을 해보는 것도 화해의 첫발을 내딛는 데 도움이 된다.

만약 당신이 재정적으로 자녀에게 도움을 주고 있다면, 그것이 돈을 주는 것이건, 당신의 집에서 살게 하는 것이건, 당장 멈추어라. 자녀에게 장애가 있거나 자립할 수 없는 상태가 아니라면, 부모가 성인이 된 자녀를 부양할 의무는 없다.

자녀가 자립할 수 있는지 잘 생각해보길 바란다. 자녀가 자립을 원했다면 할 수 있었을 확률이 높다. 아마도 당신이 자녀에게 자립할 이유를 주지 않았을 것이다.

자녀를 집에서 쫓아내고 재정적 지원을 중단할 때, 온갖 모욕적인 말을 들을 각오를 하라. 자신의 상황이 전부 다 당신 탓이라고 말할 것이다. 당신이 너무 잔인하고 불합리하며 미쳤다고, 다시는 당신과 얘기하지 않겠다고 할 것이다. 자녀를 내쫓는 것은 자녀의 조종을 멈추고 미래를 위해 돈을 비축하기 위한 것임을 기억하라.

2. 유언장을 최대한 구체적으로 작성하라

당신에게 가스라이팅 자녀가 있고, 또 다른 자녀가 있다면, 변호사 같은 제3자를 유언집행자로 지정하라. 특별한 귀중품이 있다면 어떤 자녀, 어떤 가족에게 남길지 일일이 명시하라. 자산의 분배를 자녀들에게 맡기지 마라. 나는 가스라이터 자녀가 유언장에 명시된 대로 공평하게 나누지 않고 사망한 어머니의 보석을 혼자 다 가져가는 사례를 직접 목격했다.

당신의 자산과 유언장에 관해 변호사와 상담하라. 가스라이터 자녀가 그 만남에 동석하지 않게 하라. 당신과 자녀 사이의 불화에 대해 털어놓아라. 변호사에게 털어놓아도 괜찮다. 오히려 당신에게(그리고 당신의 자녀들에게) 가장 좋은 유언장을 작성하는 데 도움이 된다. 그렇게 해야만 가스라이터 자녀가 예고 없이 변호사를 찾아와 긴히 할 얘기가 있다고 할 경우에 대비할 수 있을 것이다.

가스라이터 자녀가 협박해도 그를 유언집행자로 지정하지 마라. 그 자녀는 당신을 위해 유언을 집행하지 않는다. 당신을 이용하고, 당신의 돈과 자산을 빼앗고, 다른 형제는 아무것도 받지 못하게 할 것이다. 가스라이터들은 말이 번지르르하다. 온갖 수단을 동원하여 자신을 유언장 집행자로 지명하라고 당신을 설득할 것이다.

가스라이터 자녀는 다음과 같이 행동할 것이다.

- 다른 자녀들이 얼마나 한심한지 당신에게 말한다.
- 거절하면 연락을 끊겠다고 협박한다.
- 그동안 자신이 형편없는 대우를 받았기 때문에 당신이 그 빚을 갚아야 한다고 말한다.
- 손주들을 더 이상 볼 수 없을 거라고 말한다.

당신이 세상을 떠난 뒤 변호사가 유언장을 집행하는 게 모두에게 훨씬 더 수월할 거라고 대답하라. 계속 그 말을 반복하라. 결코 흔들리지 말라.

3. 가스라이터 자녀가 미성년자라면 빨리 상담을 받아라

당신의 자녀가 미성년자라면 하루 속히 상담을 받도록 해야 한다. 육아는 자상한 독재임을 믿어라. 자녀에게도 발언권이 있겠지만 최종 결정은 당신이 한다. 당신이 상담을 받으라고 하면, 자녀는 상담을 받아야 한다. 그걸로 끝이다. 자녀가 상담을 받는 것을 원치 않는다고? 아니, 그래도 가야 한다. 당신도 상담을 받아야 한다. 매사에 분명하지 않은 태도가 어쩌면 자녀의 가스라이팅 행동을 증폭시킨 요인이 되었을 수도 있다.

상담 외에도 이미 가스라이팅 행동을 보이는 자녀에게는 규율과 제한이 필요하다. 모든 아이들에겐 행동 지침이 필요하다. 아이들이 하고 싶은 것을 마음껏 하도록 내버려두는 방치 방임형 육아법은 좋지 않다고 판명되었다. 먼저 아이를 데리고 정신 건강 전문가를 만나라. 그리고 그다음엔 당신도 그를 만나라. 아이에게 규율과 제한을 주고 그 점을 명확히 하라. 당신에게 그런 힘이 없다고 생각할 수도 있겠지만 분명히 있다. 당신은 할 수 있다. 그리고 길게 보면, 그게 모두를 위한 일이다.

가스라이터 가족을 어떻게 대할 것인가?

가스라이터 가족에 대해 당신은 상반되는 감정을 느낄 것이다. 그들로부터 최대한 멀리 달아나고 싶고, 그들 곁에 있고 싶지 않은 것에 대해 죄책감을 느낄 것이다. 지극히 당연한 감정이다.

가족 모임에 꼭 가야 할까?

"엄마에겐 그 어떤 사적인 정보나 감정도 털어놓아선 안 된다는 걸 알았어요. 아무 때나, 특히 나와 말다툼을 할 때 그걸로 날 공격했거든요." -에이라, 45

최대한 거리를 두는 것이 가장 이상적인 해결책이다. 가스라이터들은 좀처럼 바뀌지 않고, 당신은 그들의 조종에 놀아날 필요가 없다. **당신에겐 평화로운 삶을 누릴 권리가 있다.** 당신의 건강과 행복이 우선이다.

명절 기간에 혼자 어디로든 떠나는 게 더 행복하다면 그렇게 하라. 당신이 건강을 위해 하는 모든 일에 허락이 필요치 않다. 정신적 학대를 견딘다고 해서 보너스 점수를 따는 것도 아니다.

그래도 꼭 가야 한다면…

"크리스마스에 엄마가 식사를 하다 말고 나가면서, 다시는 나하

고 말을 하지 않겠다는 거예요. 그런데 문득, 그것도 나쁘지 않겠다는 생각이 들더라고요."-제루샤, 19

가스라이터가 있는 가족 모임에 꼭 참석해야 하는 상황이라면, 사회학자의 관점에서 그 시간을 바라보아라. 가족의 대화를 일종의 데이터 수집 과정으로 여겨라. 어떤 패턴을 발견할 수 있는가?

가스라이터가 미끼를 던지고 당신을 화나게 한다면, 혼란스러운 표정으로 대응하라. 가스라이터가 던진 질문에 "정말 혼란스럽네"라고 대답하면 가스라이터는 짜증이 날 테고 관심이 다른 사람에게로 넘어갈 수도 있다. 물론 가스라이터가 펄펄 뛰며 더 악랄하게 나올 수도 있다. 그럴 가능성에도 대비하라.

슬슬 분노가 치밀어 오른다 싶으면, 밖으로 나가 산책을 하거나 자리에서 일어나 잠시 휴식을 취할 장소를 찾아라. 가스라이터가 당신에게 특정한 감정을 느끼도록 '만드는' 것이 아님을 기억하라. 당신의 감정은 여전히 당신이 통제한다. 그 장소에서 무슨 수를 써서든 빠져나와라. 가스라이터는 당신의 죄책감을 자극하여 그곳에 머물게 할 것이다. 이대로 나가면 다시는 안 보겠다고 말할 수도 있다. 당신에게 가장 이로운 방식으로 행동하라. 병적인 상황에서 벗어나는 것이 당신에게 최선이다.

나의 가족은 내가 고른다

"생물학적 가족이라고 해서 반드시 그들이 나의 가족일 필요는 없다는 점을 기억하려고 노력해요. 누가 나의 가족이 될지는 내가 결정해요."-레오, 28

내담자들이 힘겹게 얻는 교훈 중 하나는 혈연관계라고 해서 반드시 가족이라고 말할 수는 없다는 것이다. 성인의 특권이 있다면, 가족을 당신이 선택할 수 있다는 것이다. 가까운 친구들로 '인위적 가족'을 이룰 수 있다. 가족은 정의하기 나름이다. 당신이 원하는 대로 만들면 된다. 가스라이터 가족이 없는 명절을 보내고 싶다면, 당신이 새로운 전통을 만들어라.

가스라이터 가족 없이도 살 수 있다는 사실을 기억하라. 그러나 최선의 선택은, 물론 단기적으로는 힘들 수도 있지만, 가스라이터에게서 벗어나 거리를 두는 것이다. **아무리 가족이라 해도 당신을 괴롭히는 가스라이팅 행동을 견뎌야 할 의무는 없다.** 확실한 경계를 설정하고 새로운 삶을 살아가는 시기는 빠를수록 좋다. 벗어날 수 없다면, 경계를 더 잘 설정하는 연습을 하라. 상담을 받아라. 부모가 병들면, 당신과 당신의 가족을 보호하기 위해 변호사와 회계사를 만나라. 인위적 가족을 만들어라. 우리를 미치게 하는 혼란스럽고 고통스러운 사건들은 필요치 않다. 이제 상황을 직시하고 앞으로 나아갈 때다.

9

적인가
친구인가?

~~~~~~

친구의 가스라이팅

이쯤 되면 친구도 우리를 가스라이팅할 수 있다는 것 정도는 말하지 않아도 알 것이다. '프레너미frenemy'라는 단어가 떠오른다. 갈등으로 가득한 우정을 뜻하는 이 재미있는 단어는 너무도 흔히 사용되어서 〈옥스퍼드 영어 사전〉에도 등재되었다. 프레너미의 정의는 다음과 같다. '기본적으로 반감과 경쟁의식을 느끼면서도 친한 사람.' 가스라이터와의 우정처럼 들리지 않는가? 그가 하는 행동들이 너무 거슬리는데도 당신은 여전히 그를 만난다. 당신은 그와의 우정에서 아무것도 얻는 게 없다. 어쩌면 어린 시절 가스라이터와 살았기 때문에 그를 당연하게 여기는 것일 수도 있다. **이 '친구'가 없으면 어떻게 살지?** 하는 생각이 들 수도 있다. 결론부터 말하자면, 그 친구가 없으면 더 행복하게 살 수 있다!

이번 장에서 당신은 가스라이터 친구를 대하는 방법에 대해 알아볼 것이다. 당신은 일상 속에서, 우연이건 필연이건, 가족보다 그들과 더 많이 접촉할 수도 있다. 우리는 이 관계의 역학을 살펴보고, 그 관계의 파괴력에서 나 자신을 지키는 방법에 대해 알아볼 것이다.

모든 가스라이터들이 그렇듯이 가스라이터 친구도 인간의 불행을 먹고 산다. 그들은 감정 뱀파이어다. 그들과 시간을 보내고 나면 몹시 피로하다. 그들은 당신에게 일어난 끔찍한 일을 하나도 빼놓지 않고 시시콜콜 알고 싶어 한다. 그러나 당신이 좋은 얘기를 하려고 하면 시큰둥하다. 가스라이터들은 좋은 일에는 관심이 없다. 그들에게 당신의 성공은 당신이 한 걸음 앞섰음을 뜻한다. 당신은 그들의 경쟁상대다. 가스라이터들은 이 세상의 자원이 한정되어 있다고 여긴다. 그래서 당신이 성공하면 그들 자신이 성공할 확률이 그만큼 줄어든다는 잘못된 시각을 갖고 있다. 주변 사람들이 잘되었을 때 진심으로 기뻐해주면 우리가 더 큰 행복과 성공을 얻게 된다는 것을 이해하지 못한다. **딱한 일이지만 그렇다고 해서 당신이 그들을 참아줘야 하는 건 아니다.**

소문을 조심하라

"내가 유산을 했는데 가스라이터 친구가 상세히 알고 싶어 하는 거예요. 얼마나 힘들었는지, 얼마나 아팠는지. 그러고는 예고도 없이 우리 집에 들이닥치곤 했어요. 그러다가 내가 다시 아기를 가졌는데, 그땐 코빼기도 안 비추더라고요. 전화해서 축하한다

는 말조차 하지 않았어요."-손드라, 30

"이웃 여자가 나한테, 어느 집 부부가 사이가 안 좋다는 얘기를 하더라고요. 그 순간 이 여자한텐 절대 내 얘기를 하면 안 된다는 걸 알았어요."-아만다, 25

가스라이터들은 지독한 험담꾼들이다. 그들은 인간의 삶에서 일어나는 불행의 단편들을 알아내어 소문 퍼뜨리기를 좋아한다. 그것은 그들의 삶의 원동력이다. 권력과 통제감을 주기 때문이다. 사람들의 사적인 정보는 그들에게 마치 화폐와도 같다. 그것을 나누어주면 그들이 갈망하는 관심을 얻을 수 있다. 평범한 험담꾼과 가스라이터의 차이는, 험담꾼은 단순한 수다쟁이나 참견쟁이인 반면, 가스라이터는 권력을 획득하고 서로 간의 갈등을 부추기는 데 그 정보를 사용한다. 험담꾼은 부적절한 방식으로 정보를 남에게 전달하는 사람이고, 가스라이터는 마치 무기처럼 그 정보를 휘두르는 사람이다.

당신의 친구가 가스라이터인지 의심이 된다면, 그가 다른 사람 얘기를 어떤 방식으로 하는지 생각해보라. 험담을 하면서 남의 불행을 즐기는 것 같은가? 그렇다면 그는 가스라이터가 분명하고, 다른 사람들에게 당신 얘기도 그렇게 한다고 장담할 수 있다. 가스라이팅을 당하고 험담의 주인공이 되고 싶지 않다면 그 친구에게 털어놓는 정보의 양을 제한해야 한다. **그에게 탄약을 주**

지 마라. 나아가 그가 다른 사람에 대해 험담하면 가만히 듣고 있지 마라. **침묵은 일종의 공모다.** 그것은 남에게 상처를 주어도 괜찮다고 말하는 것과 같다.

남 얘기를 하는 것은 인간의 본성이다. 남 얘기를 하다 보면 서로 통하는 것 같고 중요한 사람이 된 것 같다. 그러나 잠시 멈추고 험담의 대상이 당신일 때 어떤 기분일지 생각해보라. 당신이 친구에게 비밀리에 털어놓았던 얘기가 소문난다면 어떨지를. 배신감을 느끼고 상처받을 것이다. 그래도 남 얘기를 하고 싶은가?

사람들과 얘기할 때에는, 특히 상대가 가스라이터라면 더욱 이런 원칙을 정해두면 좋다. 그 자리에 없는 사람 얘기는 하지 않는 것이다. 가스라이터가 험담할 때 중단시키는 방법도 있다.

- "그런 얘기를 내가 아는 걸 그 사람이 원할지 모르겠네"라고 말한다.
- 화제를 돌린다.
- 자리를 뜬다.

한 가지 주의할 점은, 가스라이터가 사람들이 듣지 않는 자리에서 험담하는 습관을 당신이 바꿀 수 있을 거라고는 생각하지 마라. 그들은 절대 바뀌지 않는다. 단지 정보를 흘릴 다른 사람을 찾아 나설 뿐이다.

가스라이터의 미끼: 이간질과 거짓말

"친구라는 애가 나한테 와서 다른 친구들이 내 흉을 보더라고 얘기하는 거예요. 너무나 악의적인 얘기라 당연히 화가 났죠. 그런데 정말 그런 얘기를 했는지는 잘 모르겠어요. 내 '친구'가 나한테 거짓말을 했다는 생각이 들어요."-린, 37

"가스라이터인 친구가 있는데, 우리 둘 다 아는 어떤 애가 항상 내 흉을 본다고 전하더라고요. 그 친구가 그 얘기를 꺼낼 때마다 내가 '아, 그래?' 하고 넘어갔죠. 그랬더니 어느 순간 그 짓을 멈추었어요. 내가 반응이 없으니 시들해졌나 봐요."-하비, 42

1장에서 가스라이터가 이간질에 능하다고 했던 것을 기억할 것이다. 그들은 의도적으로 싸움을 붙인다. 싸움 구경을 좋아하고, 그 싸움을 자신들이 일으켰다는 사실에 흥분한다. 가스라이터들의 가장 흔한 이간질 방식은 당신에 대해 어떤 사람이 좋지 않은 말을 했다고 전하는 것이다. 가스라이터는 "누가 네 얘기를 하더라"는 말로 미끼를 던지면서 그게 무슨 얘기냐고 당신이 묻기를 바란다. 아니면 직접적으로 "수지는 네가 아이들 키우는 방식이 마음에 안 든대"라고 말한다. 가스라이터들은 유독 당신의 양육 방식에 대한 남의 험담을 옮기기를 좋아한다. 사람들이 그런 이야기에 무척 열 받아 한다는 것을 알고 있다.

수지가 정말 그런 말을 했는지 확인하고 싶은 유혹을 느낄 수 있다. 일단, 당신이 직접 들은 얘기가 아니라면 가스라이터가 지어낸 얘기일 확률이 높다. 가스라이터는 당신이 수지에게 가서 "내가 아이들 키우는 방식이 마음에 안 든다니, 대체 그게 무슨 소리야?"라고 따지기를 바랄 것이다. 수지는 "나 그런 말 한 적 없어!"라고 말할 확률이 높다.

가스라이터가 누가 당신에 대해 뭐라고 하더라고 전하면, 일단 거짓말이라고 가정하라. 가스라이터는 자신이 조금 더 권력을 가질 수만 있다면 아무 거리낌 없이 거짓말을 한다. 그들은 흉잡을 일이 없으면 만들어낸다. 또한 사람들이 남의 사생활에 호기심이 있다는 걸 알고 있다. 그래서 자신들의 악랄한 행동으로부터 사람들의 주의를 분산시키기 위해 소문을 즉석에서 지어낸다. 당신이 가스라이터의 악행을 폭로하려 할 때 유독 잘 사용하는 기술이다.

가스라이터가 당신에 대해 다른 사람이 한 말을 전하는 건 '미끼'를 던지는 것이다. 그들은 마치 굶주린 물고기처럼 당신이 미끼를 물 거라고 생각한다. 당신이 미끼를 물면 그들은 엄청난 권력을 가진 기분이 든다. 그렇다면 어떻게 미끼를 거절해야 할까? **"아, 그렇구나"라고 말하면 된다.** 가스라이터가 당신에게 "샐리가 네 얘기 하더라"라고 말할 때 "아…"라고 덤덤하게 말하면 가스라이터는 멈칫한다. 만약 또 한 번 미끼를 던지면, 그가 멈출 때까지 고장 난 라디오처럼 "아", "그랬구나"를 반복한다. 솔직히 당신에 대해 누가 무슨 얘기를 하건 무슨 상관인가. 사람들은 누구나 다른 사람에 대해 얘기할 수 있다. **다른 사람들이 당신에 대해 어떤 생각을 하건, 그건 당신이 상관할 바가 아니다.**

사람들 간에 싸움을 붙이는 것 말고도, 가스라이터들이 이간질하는 또 하나의 이유는 당신을 고립시키기 위함이다. 자신이 유일한 친구가 되는 것이야말로 가스라이터가 당신에게 가장 바라는 바다. 가스라이터는 당신을 고립시키면 모든 관심을 자신에게 쏟아줄 거라고 생각한다. 가스라이터인 친구는 당신을 배우자나 연인, 심지어 가족으로부터 고립시키려 한다. 가스라이터는 당신의 배우자가 당신에 대해 안 좋은 얘기를 하더라고 말한다. 대부분의 사람들이 그런 말을 곱씹다가 결국 폭발한다는 것을 그들은 알고 있다. 가스라이터는 당신과 배우자가 싸울 빌미를 제공하기를 좋아한다. 그들에게 그런 권력을 주지 마라. 만약 가스라이터인 친구가, 당신의 배우자가 당신의 험담을 하더라고 말하면, 최악의 가정을 하는 유혹에 굴복하지 말고 배우자에게 직접 확인해보거나 잊어버리는 게 최선이다.

그들이 당신의 연인이나 배우자와 친해지려는 이유

"남편이 나의 가스라이터 친구가 보낸 문자를 보여주었어요. 식기세척기가 고장났다면서 도와달라는 문자였어요. 윙크 이모티콘까지 붙여서요. 남편이 수리기사 전화번호를 문자로 알려주었

대요. 그 뒤로는 다시는 연락 안 하더라고요." -한나, 28

가스라이터는 종종 당신의 배우자나 연인과 특별한 관계를 맺기도 한다. 항상 조심하라. 가스라이터에게 당신이 멀리 출장을 간다고 말하지 마라. 가스라이터는 당신의 배우자와 단둘이 있을 기회를 만들 것이다. 집으로 와서 도와달라고 하거나, 예고 없이 당신의 집에 들이닥칠 것이다. 당신의 배우자와 좋은 친구인 척하면서 얘기를 잘 들어주는 사람으로 자신을 부각시킬 것이다. 가스라이터들은 결혼 생활 혹은 연애를 오래 한 사람들이 어떤 이야기를 듣고 싶어 하는지 정확히 알고 있다. 당신과 배우자가 사이가 좋은지 나쁜지는 그들에게 중요하지 않다. 얘기를 들어주고 소중하게 여겨주기를 바라는 사람이면 누구든 상관없다. 당신과 배우자의 관계가 견고하다 해도, 가스라이터는 당신의 배우자가 정확히 무슨 말을 들어야 우쭐한 기분이 드는지 간파하는 데탁월한 능력이 있다. 가스라이터는 그것을 공략한다. **이 모든 것이 가스라이터에게는 게임일 뿐이다.** 그들은 결코 다른 사람의 감정에 진심으로 공감하거나 이입하지 않는다. 그저 당신의 배우자에게 조금 더 가까이 다가가는 방법을 알고 싶을 뿐이다.

가스라이터는 당신의 배우자를 빼앗고자 한다. 부부 사이에 문제가 있다고 당신이 가스라이터에게 실토했다면 더더욱 그럴 것이다. 당신이 무슨 정보를 흘렸건, 가스라이터는 그 정보를 이용하여 당신의 배우자를 낚는다. 가스라이터에게 건강 문제를 얘기했다면, 그는 당신의 배우자에게 가서 "부인이 그런 병에 걸려서 참 힘드시겠어요"라고 말할 것이다. 그리고 미묘하게 (혹은 미묘하지 않게) 자신의 건강에 관해 얘기를 할 것이다. "전 매일 운동해요"라고. 그런 말을 하는 이유는 당신의 배우자에게 '덜 짐이 되는', '보다 나은' 사람이 있음을 알려주기 위한 것이다. 가스라이터는 그 말을 노골적으로 하지는 않을 것이다. 넌지시 암시하는 것만으로도 충분하다.

가스라이터는 행동의 강도를 서서히 높인다. 그런 방식이 사람을 조종하기 더 쉽다는 것을 알기 때문이다. 무턱대고 집으로 찾아와 문을 두드리고 당신의 배우자에게 "안녕하세요, 나 당신하고 자러 왔어요"라고 말하는 것보다 서서히 강도를 높이는 것이 훨씬 효율적이라는 걸 알고 있다. 가스라이터는 시간을 두고 당신의 배우자와 정서적 친밀감을 쌓아간다. 그들은 1장에서도 살펴보았던 '인지적 공감'을 보여준다. 그것은 실제로 그들이 느끼는 감정이 아닌, 그들이 느껴야 한다고 생각하는 감정이다. 가스라이터는 진정한 의미의 공감 능력이 없기 때문이다.

가스라이터 친구는 당신의 배우자를 '그루밍'한다. 당신이 집에 없을 때 서서히 방문 횟수를 늘린다. 하필 당신이 출장을 갔을 때 세탁기가 고장 나다니, 너무 이상하지 않은가. 가스라이터는 처음부터 노골적으로 추파를 던지거나 성적인 암시가 담긴 말을 하지는 않는다. 그저 미소를 짓고 칭찬을 할 것이다. 그다음에는 넌지시 운을 떼우고, 그다음에는 지나치다 싶게 가까이 다가서고, 결국엔 육체적 접촉을 하기에 이른다.

물론 가스라이터와 당신의 파트너가 서로를 단지 친구로 여기는 것처럼 보이는 순간이 여러 번 있을 것이다. 그러나 가스라이터에게는 거의 항상 최종 목표가 있다. 배우자를 가스라이터와 단둘이 남겨두지 마라. 당신이 없을 때 그가 당신의 배우자와 시간을 보내야 할 이유는 어디에도 없다.

가스라이터에 대해 배우자에게 미리 경고해두는 방법도 있다. "베티 행동이 조금 이상해. 만약 내가 없을 때 찾아오면 절대 집 안에 들이지 마"라든가 "베티가 당신을 유혹하려는 것 같던데, 혹시 뭐 좀 고쳐달라고 집으로 오라고 하면 절대 가지 마. 선을 분명히 그어야 해"라든가. 당신의 배우자는 이렇게 말할지도 모른다. "바보 같은 소리 하지 마. 베티는 착한 애야. 혼자 살다 보니 도움이 필요한 거겠지." 그럴 때 어떻게 대답해야 할까? "걔가 좀 이상한 행동을 하는 걸 봐서 그래. 내가 수리기사 전화번호 줄게." 기억하라. 관심의 대상이 되는 것을 싫어하는 사람은 없다. 가스라이터는 너무도 상냥하고 순진한 사람인 척할 수 있다. 당신의 배우자가 가스라이터의 행동을 나쁘게 생각하지 않는다고 해도 이해해야 한다.

당신이 유난히 질투심이 많은 게 아니라고, 어떻게 단정할 수 있을까? 상대가 가스라이터라면, 위선적인 행동들 속에서 일종의 패턴을 발견할 수 있다. 아마도 당신은 가스라이터 친구가 다른 사람을 조종하는 것을 본 적이 있을 것이다. 가스라이터 친구가 당신과 당신의 친구 사이를 이간질하는 것을 본 적도 있을 것이다. 그렇다면 경계의식이 흐릿한 사람이라고 추측하는 게 맞다. 가스라이터 친구가 다른 친구의 배우자에게 집적거렸다는 얘기도 들어본 적이 있을 것이다. 당신의 배우자 앞에서 가스라이터 친구의 행동이 어딘가 석연치 않다고 느꼈다면, 당신의 직감을 믿어라. 직감은 대체로 맞다.

가스라이터의 단기 목표는 당신을 배우자로부터 분리시키는 것이다. 그래야 자기와 더 많은 시간을 보낼 수 있기 때문이다. 그러나 궁극적인 목표는 당신의 배우자를 당신에게서 '훔치는' 것이다. 가스라이터는 이 상황을 당신의 배우자를 차지해야 이기는 게임으로 여긴다. 가스라이터는 당신, 당신의 배우자, 당신의 인간관계에 관심이 없다. 당신의 감정 따위에 전혀 신경 쓰지 않는다. 앞서 살펴보았듯이 가스라이터들은 상습적으로 바람을 피우는 사람들이다. 그런 그들이 당신의 인간관계나 가정이 파괴되는 것에 신경이나 쓸 것 같은가? 아니다. 그들은 이런 식의 '승리'를 먹고 사는 사람들이다.

가스라이터와 바람을 피운 배우자가 나중에 당신과 화해하고 싶어 한다고 해도 배우자와의 관계를 정리하는 것을 진지하게 고려하길 바란다. 가스라이터와 한번 엮이고 나면 상황은 급속도로 악화된다. 자신이 부당한 대우를 받았다고 느낄 때 가스라이터는 물불을 가리지 않고 당신의 가정을 파괴하려 한다. 실제로는 가스라이터가 당신을 부당하게 대한 것인데도 가스라이터는 그런 것 따위는 안중에도 없다.

만약 당신의 배우자가 가스라이터와 달아났다면, 가스라이터는 이제 당신 배우자의 책임이다. 가스라이터가 누군가의 배우자를 '훔친' 경우, 가스라이터에게는 새 장난감이 생긴 것이나 마찬가지다. 한동안은 재미있겠지만 머지않아 시큰둥해져서 장난감을 내버린다. 반면 당신은 최악의 상황을 피한 셈이다. 배우자의 실체를 알게 된 것에 감사하라.

무슨 일이 일어나건, 당신 잘못이 아니라는 사실을 기억하라. 모든 책임은 가스라이터와 당신의 배우자에게 있다. 가스라이터는 공감하는 연기에 뛰어나고 당신의 배우자의 관심을 끌기 위해 무슨 말을 해야 할지 정확히 알고 있다. 그런 상황이 벌어지는 것을 막기 위해 당신이 할 수 있는 일은 아무것도 없었다. 단지 그 일에서 교훈을 얻고 미래에 같은 일이 반복되지 않도록 조심하면 된다.

가스라이터 친구는 왜 이런 식으로 행동할까

가스라이터는 친구를 소모품이나 물건 정도로 여긴다. 그들은 상호적이거나 '동등한' 친구관계를 맺을 필요성을 느끼지 못한다. 그들에게 친구는 자신이 원하는 것을 얻기 위한 디딤돌일 뿐이다.

애정결핍

"친구가 곤경에 처했을 땐 내가 늘 곁에 있어주었어요. 하지만 내가 곤경에 처했을 땐? 얼씬도 안 하더라고요."-야스민, 35

"친구의 어머니가 돌아가셨을 때 먹을 것을 가져다주고 아이들을 돌봐주었어요. 그런데 정작 제 아버지가 돌아가셨을 때, 그 친구는 연락도 없었어요. 문자도 없고 전화도 없었어요."-새미, 50

당신은 가스라이터 친구와의 우정이 결코 상호적이 아니라는 사실을 알게 될 것이다. 그와의 관계는 주고받는 관계가 아니다. 가스라이터가 받고 또 받는 관계다. 가스라이터 친구의 가족 중 한 명이 세상을 떠났을 때 당신이 그와 친하다고 생각해서 음식을 가져다주었지만 당신의 가족이 죽었을 때 그는 전화조차 하지 않는다. 가스라이터 친구의 이사를 당신이 기꺼이 도와주었다 해도 정작 당신이 이사를 할 때 그는 나타나지 않는다. 가스라이터와의 관계에서 당신은 주기만 하고 그는 받기만 한다. 당신은 지쳐 나가떨어질 때까지 시간과 에너지를 그에게 쏟아붓는다.

가스라이터 친구는 당신이 자기를 충분히 도와주지 않았다고, 정작 필요할 때 곁에 있어주지 않았다고 비난한다. 더 이상 줄 수 없을 정도로 퍼주고 또 퍼주었는데도. **단지 그 한 사람이 당신의 삶에 존재한다는 이유만으로 당신은 지쳐간다.** 가스라이터의 자기애적 욕구는 결코 채울 수 없다는 사실을 기억해야 한다. 그들은 밑 빠진 독이다.

그들이 왜 이러는 거냐고? 가스라이터들은 건강한 관계를 피하고 자신들이 통제할 수 있는 관계를 좇는다. 오늘은 그가 가장 친한 친구처럼 보일지 몰라도 '더 멋지고', '더 재미있는' 사람, 혹은 사회적 지위가 높은 사람을 만나는 순간, 그는 사라진다. 가스라이터에게 모든 것은 결국 체면의 문제이다. 전부를 갖지 못할 바엔 아예 갖지 않겠다는 인지적 왜곡으로 인해, 그들은 한 번에 한 명 이상의 친구를 갖는 것이 어렵다. 친구 A는 100퍼센트 완벽하고 친구 B는 100퍼센트 형편없다. 혹은 그 반대이거나. 중간지대란 없다. 그 친구는 막막한 상황에 처한 당신을 두고 아무 설명도 없이 떠난다. 그 해답을 찾기 위해 인터넷을 뒤지고, 대체 당신이 왜 그렇게 처절하게 외면당하는지 친구들에게 묻고 다니는 동안, 가스라이터는 이미 다음 희생자, 다음 '절친'을 찾아 떠났다. 그들은 눈곱만치도 신경 쓰지 않는다. 당신의 감정에도, 새로운 친구의 감정에도 신경 쓰지 않는다. 그들에겐 그런 능력이 없다. 공감할 줄 아는 선한 인간으로 살아갈 능력이 없다.

가스라이터에게 그가 아닌 다른 모습이기를 기대하는 것을 멈추는 것이 최선이다. 그들은 결코 당신의 감정에 공감하지 못하고 의리를 지키지 않는다. 당신이 곤경에 처했을 때 당신을 돕지도 않고, 당신이 그들을 돕지 못했을 때 이해해주지도 않는다.

그들이 원하는 건 '친구'가 아니다

"항상 다정하고 베풀 줄 아는 친구였는데, 어느 날 내가 같이 쇼핑을 가지 않겠다고 했더니, 괴물로 변하는 것 같았어요. 내가 얼마나 못됐고 찌질한지 계속 문자를 보내더라고요." -다리아, 25

가스라이터는 친구를 원한다기보다는 애완동물을 원하는 것에 가깝다. 가스라이터는 자신에게 의존하고 비위를 맞추어줄 친구를 찾는다. 그들은 진정한 우정을 가꿀 줄 모른다. 건강한 우정이 어떤 것인지는 경험해보면 알겠지만, 이쯤에서 다시 한번 살펴보자. 건강한 우정의 바탕에는 다음과 같은 것들이 깔려 있다.

- 서로를 존중한다.
- 서로를 이해한다.
- 자신의 본모습을 보일 수 있다.

- 서로의 관심사를 공유한다.
- 비슷한 가치관을 갖는다.

우리는 삶에서 소중한 것들, 이를 테면 사랑, 책임감, 배려, 존중, 다양성, 그리고 그 외의 많은 것들에 관한 생각을 나누며 산다. 가스라이터와의 관계를 자세히 살펴보면, 그들의 사고방식이 사랑, 존중, 배려에 관한 당신의 핵심적인 가치관에 부합되지 않는다는 것을 알 수 있을 것이다. 가스라이터는 타인에게 그런 감정을 느끼지 않기 때문이다. 타인의 가치관과 사람을 대하는 방식은 우리가 바꿀 수 없다는 사실을 기억하라. 가스라이터와 '우정'이라는 것을 나누고 있다면, 당신의 유일한 선택은 그것을 끝내는 것뿐이다.

진정성의 결여

"정말 섬뜩한 광경을 목격했어요. 내 친구가 파티에서 손님들을 상냥하게 대하다가 돌아섰는데, 마치 마스크를 벗는 것 같더라고요. 내가 한 번도 본 적 없는 표정으로 돌변하더니 불같이 화를 내는 거예요. 오늘 좀 피곤한가 보네, 라고 넘기기엔 너무 지나쳤어요." -로즈, 60

이 책 전반에 걸쳐 우리는 가스라이터가 진정성이 결여된 사람임을 확인할 수 있었다. 가스라이터는 자신이 원하는 것을 얻기 위해 자신이 필요하다고 생각하는 방식으로 연기한다. 가장 큰 만족감을 주는 관계를 살펴보면, 그 친구와는 있는 그대로의 모습이 될 수 있고 서로를 함부로 판단하지 않는다는 것을 알 수 있을 것이다. 그 친구는 당신을 있는 그대로 받아들이고 있는 그대로 좋아한다. 가스라이터는 그렇지 않다. 물론 처음엔 다정할 것이다. 매력적이고, 심지어 관대할 것이다. 그러다가 갑자기 당신을 공격한다. 당신이 알았던 사람은 진짜가 아니었다.

가스라이터는 한 인간으로서 자기 자신에 대한 명확한 이해가 없다. 그들은 심리학자들이 소위 '통합적 인격'이라고 부르는 것이 결여되었다. 통합적 인격이라는 것은 자신이 어떤 사람인지에 대한 명확한 인식을 뜻하는 말이다. 자신이 원하는 것, 필요로 하는 것을 알고 건강한 것과 건강하지 않은 것의 경계를 인지하는 것이다. 통합적 인격의 결여로 인해 가스라이터들은 있는 그대로의 자신의 모습으로 타인을 대하는 능력이 부족하다. 가스라이터는 '자아'에 대한 확신이 없다. 가스라이터와 친구가 되기 위해 노력하다 보면 그의 모든 것이 진실처럼 보이지 않을 것이다. 전부 다 속임수이거나 가짜인 것 같다. 진정성이 바탕이 되지 않으면 건강하고 친밀한 인간관계는 불가능하다.

"그래도 친구를 잃고 싶지 않아"

가스라이터가 자주 사용하는 수법 중에는 당신을 조종해 그에게 의존하게 만드는 것이 있다. 어느 순간 당신은 의지하던 그가 없으면 세상이 무너져 내릴 것만 같다. 그러나 그와의 우정을 잘 생각해보라. 당신이 정말 필요로 할 때 그가 당신 곁에 있어주었는가? 아니면 왜 당신을 도와줄 수 없었는지, 왜 당신의 고민을 들어줄 수 없었는지 변명했던가?

가스라이터와의 관계에서 선을 그었다가 그와의 우정을 잃을까 봐 걱정이 될 수도 있고, 어쩌면 실제로 그 우정을 잃을 수도 있다. **그러나 진실은, 가스라이터는 한 번도 당신의 친구인 적이 없었다는 것이다.** 당신이 본 것은 친구처럼 보이기 위한 공들인 연기일 뿐이다. 그러나 이 사실을 명심하기 바란다. 이제 당신은 무엇을 조심해야 하는지 알고, 당신의 우정이 얼마나 건강한지 판단할 줄도 안다. 그 어느 때보다도 그 관계에서 벗어나 새로운 친구를 사귈 준비가 되었다. 이 세상에 사는 수억 명의 사람들 중에 기꺼이 당신의 친구가 되어줄 사람은 얼마든지 있다.

가스라이터 친구를 어떻게 할 것인가?

가스라이터 친구로부터 자신을 보호할 방법은 여러 가지가 있다. 연락을 끊는 것, 거리를 두는 것, 가스라이터에게 물건을 빌리거나 주지 않는 것, 법적 대리인을 찾아두는 것 등이 포함된다.

거리를 두거나 연락을 끊어라

친구가 가스라이터라면 가장 좋은 선택은, 비록 힘들겠지만, 연락을 완전히 끊는 것이다. 대부분의 경우 이것이 가스라이터의 악영향에서 벗어나는 유일한 방법이다. 그렇게 하지 않으면 당신의 삶에 지속적으로 막대한 피해를 입힐 거라고 장담할 수 있다. 물론 가스라이터가 다른 사람에게 정신이 팔려, 마치 뜨거운 감자처럼 당신을 놓아줄 수도 있다. 그러나 그렇게 될 때까지 그는 당신의 삶을 온갖 드라마로 채울 것이다.

가스라이터에게 물건을 빌리지도 빌려주지도 마라

"그 사람한텐 절대 내 물건을 빌려주지 않아요. 영원히 돌려받지 못할 각오를 한다면 모를까." -디클랜, 35

"때론 친구한테 선물 한번 잘못 받았다가 골치 아픈 사건으로 이어지곤 하죠. 세상에 공짜란 없어요. 항상 대가가 따르는 법이죠." -에비, 39

가스라이터에게 아무것도 빌려주지 마라. 빌려줄 땐 다시는 돌려받을 생각을 하지 마라. 그리고 무슨 일이 있어도 가스라이터에게 돈을 빌리지 마라. 마찬가지로 그 어떤 물건도 빌리지 마라. 가스라이터는 당신이 물건을 빌려갔다는 것을 편리하게 '잊을' 것이고, 나중에 당신이 훔쳤다고 말할 것이다.

가스라이터가 당신에게 '선물'이라며 무언가를 주면 "아니, 괜찮아"라고 말해라. 꼭 받아야 한다면 나중에 그것이 꼬투리가 될 수 있음을 기억하라. 가스라이터들은 '선물 공세'를 즐기다가 어느 순간 훔쳐갔다고 말한다. 자신을 부당하게 대한 사람과 공평해지기 위한 그들만의 방식이다.

가스라이터에게 절대로 아이나 반려동물을 맡기지 마라

가스라이터에게 아이나 반려동물을 맡기는 것은 결코 좋지 않다. 가스라이터는 아이를 꼬드겨 당신에게 대들게 만든다. 아이의 음식 알레르기를 깜빡 잊고, 당신의 집에서 지키는 규칙들을 잊을 것이다. 반려동물은 방치되거나 학대당할 것이다. 당신이 절대 먹이지 말라고 확실하게 말한 것들을 먹일 것이다. 가스라이터는 신경 쓰지 않는다. 아이나 반려동물을 돌보는 책임을 그에게 위임하는 순간, 가스라이터는 전권을 위임받은 것으로 여기고 당신의 삶에서 가장 소중한 것에 자신의 권력을 휘두를 것이다. 그 사람 외에 아이와 반려동물을 맡길 사람이 딱히 없다고 합리화하지 마라. 심각한 피해를 입힐 수 있는 가스라이터에게 그들을 맡기는 것보다 더 좋은 방법은 분명히 있다.

시큰둥하거나 모호하게 대하라

가스라이터와의 우정을 끝내는 가장 좋은 방법은 가스라이터가 당신에게 싫증이 나서 먼저 떠나게 만드는 것이다. 지금까지 여러 차례 보았던 것처럼 가스라이터는 사람들이 펄펄 뛰게 만들기를 좋아한다. 만약 당신이 화를 돋우는 가스라이터의 말에 "그럴 수도 있겠지", "알았어", "어쩌면"이라고 반응한다면, 그들은 머지않아 당신에게 싫증을 낼 것이다. 당신이 시큰둥하거나 모호하게 행동해서 당신을 펄펄 뛰게 만들려는 그들의 작전이 실패한다면, 그들은 곧바로 손을 뗄 것이다. 당신이 해서는 안 될 말이 있다면, 비록 그 편이 정직하고 진실한 것처럼 보여도 "이제 너하고 못 다니겠어"라고 대놓고 말하는 것이다. 그 말은 분노를 유발할 뿐이다. 한 가지 확실하게 말할 수 있는 것은, 가스라이터들은 버림받는 것과 통제력을 잃는 것에 대한 원초적인 두려움이 있다. 그가 일으키는 분란이 아무리 불쾌해도, 당신이 그를 고칠 수는 없다. 당신이 할 수 있는 유일하게 건강한 선택은 그들에게서 벗어나는 것이다.

10

나는
어떠한가?

내 안에 존재하는 가스라이터

지금까지 우리는 가스라이팅에 대한 다양한 상황과 시나리오를 살펴보았다. 이제 '방 안의 코끼리'에 대해 얘기해볼 차례다. 만약 당신 자신이 가스라이터라는 생각이 든다면? 먼저, 좋은 소식이 있다. 자기 자신이 가스라이터라는 생각을 하는 사람은 대체로 가스라이터가 아니라는 것이다. 진짜 가스라이터는 자신에게는 문제가 없고 다른 모든 사람에게 문제가 있다고 생각한다는 것을 이 책을 통해 여러분도 알았을 것이다. 가스라이터는 자아 동조적 성향을 보인다. 진짜 가스라이터들은 절대 정신적 치료를 받으려 하지 않는다. 그렇다고 해서 당신에게 가스라이터 성향이 전혀 없다고 말할 수는 없을 것이다. 자신에게서 가스라이팅 행동을 발견했다면, 그리고 그 점을 개선할 의지가 있다면, 당신은 옳은 길을 가고 있다. **모든 과정에서 가장 힘든 대목은 바로 자신에게 치료가 필요하다는 사실을 인정하는 것이기 때문이다.**

이 장에서 당신이 어떤 가스라이팅 행동을 하고 있는지 살펴보고, 그 점을 개선하기 위한 노력을 시작해볼 것이다. 당신의 가스라이팅 행동 중에는 곧바로 수긍이 가는 것도 있고, 놀라움과 함께 깨닫게 되는 것도 있을 것이다. 당신이 왜 그런 행동을 하는지에 대해서도 알아볼 것이다. 대체로 과거 혹은 현재, 가스라이터가 가까이 있어 그로부터 배운 경우가 많다. 가스라이팅 행동을 보이는 사람들 중 상당수는 친구와 좋은 관계를 유지하기 어렵고, 건강하지 못한 관계, 심지어 학대적인 관계를 맺고 있으며, 자존감이 높지 않다. **자신이 대체 뭘 잘못했는지, 왜 다른 사람들은 한결 편안하게 사는 것 같은데 자신은 그렇지 않은지, 의문이 들 수 있다.** 이 중 한 가지라도 당신에게 해당되는가? 이 모든 것이 가스라이팅 행동을 보이는 사람들에게는 무척 흔한 일이다.

당신은 가스라이팅 행동을 하는가?

혹시 당신이 가스라이터일까 봐 걱정이 된다면 다음의 목록을 보고 자신의 행동과 일치하는지 살펴보라.

- 거짓말을 자주 한다. 심지어 특별한 목적이 없어도 거짓말을 한다.

- 당신이 필요한 것을 직접적으로 표현하지 않는다.
- 사람들이 당신의 마음을 읽어주고 당신이 원하는 것을 알아주기를 바란다.
- 당신 자신의 욕구가 불분명하다.
- 다른 사람들이 당신의 욕구를 파악하지 못할 때 화가 난다.
- 직접 부탁하기보다는 당신이 원하는 것을 어떻게든 그들이 하게 만든다.
- 당신이 원하는 것을 말하지 않았으면서, 나중에 사람들에게 보복한다. 이런 것을 '수동적 공격성'이라고 한다.
- 다른 사람들이 어떤 일에 대해 시간을 너무 오래 끌 때 짜증이 난다.
- 친구나 가족이 당신 말투가 냉소적이거나 거칠다고 지적한다.
- 다혈질이다.
- 화가 나면 '블랙아웃'되거나 당신이 한 일을 기억하지 못한다.
- 기본적으로 사람들은 이기적이고 자신의 욕구를 충족시키기 위해 산다고 생각한다.

어떤가? 이제 좀 더 깊이 들어가볼 준비가 되었는가?

벼룩이 옮은 경우

8장에서 가스라이터 부모에 관해 다룰 때, 우리는 '벼룩'이라는 용어에 대해 얘기했다. '개들 틈에 누워 있으면 벼룩이 옮는다'는 속담의 그 벼룩을 말하는 것이다. 사람들은 종종 부모로부터 가스라이팅을 배운다. 성인이 되면 어떻게 행동해야 하는지 우리는 부모의 행동을 통해 배운다. 따라서 그들의 행동을 모방하는 것은 자연스러운 일이다. 만약 당신이 가스라이팅 행동을 하고 있다면, 학대적이고 혼란스러운 가정에서 자기 보호의 한 형태이자 대처 기술로 가스라이팅을 배운 것일 수도 있다. 가스라이팅 행동을 하는 사람과 극단적인 가스라이터의 차이가 있다면, 극단적인 가스라이터에게는 타인을 조종하는 것이 세상을 살아가는 유일한 방식이라는 점이다. **진짜 가스라이터는 삶의 모든 영역에서 가스라이팅을 한다.** 가정에서, 직장에서, 인간관계에서 그리고 지역사회에서. 하지만 당신은 다르다. 아마도 당신은 스트레스를 받는 상황에서, 주로 진짜 가스라이터인 당신의 부모를 상대할 때 그런 행동을 보일 것이다. 그렇다면 걱정하지 마라. 이 장에서 당신의 행동을 큰 맥락에서 이해하고, 스트레스 상황에서 보다 건강한 방식으로 관계를 맺고 대처할 수 있는 방법을 알아볼 것이다.

자기를 보호하기 위해

가스라이팅 행동이 자기 보호의 한 형태일 수 있다고 말한 것은, 당신이 스스로를 보호하기 위해 가스라이팅을 했을 것이라는 뜻이다. 당신은 주어진 상황에 대처하고 생존하기 위해 필요한 일을 한 것이다. 가스라이팅 부모와 살았다면, 당신은 부모의 분노의 표적이 되지 않는 대처 기술을 터득했을 것이다. 부모가 툭하면 화를 내는 사람이라면 사소한 일에도 거짓말을 해야만 했을 것이다. 아마도 당신은 그러한 자기 보호의 기술을 성인이 되어서도 사용하고 있을 것이다.

그렇다면, 건강한 인간관계란 무엇인가?

성장과정에서 건강하지 못한 관계들을 목격하거나 경험했다면 건강한 인간관계가 어떤 것인지 잘 모를 수도 있다. 건강한 인간관계를 구성하는 요소들은 다음과 같다.

- 당신과 당신이 사랑하는 사람이 필요한 것과 원하는 것을 자유로이 얘기한다.
- 서로가 우려하는 부분에 대해 상대의 말을 자르지 않고 귀를

기울인다.

- 지금 하는 얘기와 상관없는 과거의 일을 들먹이지 않는다.
- 용인되는 것과 용인되지 않는 것의 경계 혹은 한계가 있다.
- 각자가 다른 친구들과 어울려도 질투하거나 비이성적인 행동을 하지 않는다.
- 각자가 자신이 좋아하는 일을 해도 불안해하지 않는다.
- 철벽을 치기보다는 현재 상황에서 걱정되는 부분을 말로 표현한다.
- 인간이 불완전한 존재임을 깨닫는다.
- 사랑하는 사람이 거부할 때 그의 의사를 존중한다.

가스라이팅 부모 아래에서 성장하거나 가스라이팅 관계를 경험한 사람들은 말다툼이 전혀 없는 관계를 건강한 관계라고 생각하는 경향이 있다. 하지만 건강한 관계에서도 말다툼을 할 수 있다. 사실 말다툼은 당신의 욕구를 상대에게 알리는 건강한 방식일 수도 있다. **문제는 말다툼이 아닌 서로의 마음을 할퀴는 '싸움'이다.** 서로를 존중하는 방식으로 얘기한다면 상대의 의견에 동의하지 않는 것도 건강한 것이다.

1. 열린 대화를 하라

정직한 대화, 열린 대화는 건강한 인간관계에서 필수적인 부분이다. 정직하고 열린 대화는 퉁명스럽게 정직한 것이나 잔인한 것과는 다르다는 것을 명심하라. 냉혹하거나 상처를 주는 방식이 아니어도 자신의 감정을 솔직하게 표현할 수 있다.

2. "지금 내 기분은…"이라고 말하라

욕구를 표현하는 여러 가지 방법 중에 "지금 내 기분은…"으로 말을 시작하는 것이 있다. '내 기분'으로 말을 시작함으로써, 상대를 비난하지 않고 존중하는 방식이다. 일을 마치고 돌아왔을 때 더러운 접시들이 싱크대에 쌓여 있다고 가정해보자. 가장 바람직하지 않은 방식은 이것이다. "엄만 하루 종일 돈 벌려고 일하고 왔는데, 너는 최소한 접시를 식기세척기엔 넣어주기라도 해야 할 거 아냐!" 그렇게 말해봐야 여전히 접시는 식기세척기로 들어가지 않는다. 원하는 결과도 얻을 수 없을 뿐 아니라 자녀와 말다툼까지 하게 된다.

"지금 엄마 기분은"으로 말을 시작하면 '너'라는 단어를 사용하지 않고 불만을 얘기할 수 있다. 사람은 비난받는 순간 자동적으로 방어적이게 되고, 문장 속에 '너'가 들어가 있으면 그 나머지는 듣지 않는 경향이 있다. 또한, '너'라는 말을 사용하지 않음으로써 당신도 해결책의 일부가 될 수 있는 것이다. '내 기분'으로 대화를 시작함으로써 현 상황에 대한 당신의 기분을 표현하고, 왜 그런 기분을 느끼는지를 표현하고, 거기에 해결책을 제시할 수 있다. 위의 상황에서는 이런 식으로 말할 수 있다. "집에 왔는데 식탁 위에 접시들이 있으면 엄마는 좀 화가 나. 퇴근하고 집에 왔을 때 집이 깨끗했으면 좋겠거든. 먹고 나서 접시를 바로 세척기에 넣어주면 좋겠어."

아이가 어떻게 해주길 바라는지 '정확하게' 말한 것에 유의하라. 첫 번째 예시에서는 무엇 때문에 화가 나는지만 말하고 아이에게 명확한 지침을 주지 않았다. 사람들은 상대가 나에게 정확히 무엇을 기대하는지 알고 싶어 한다. '내 기분' 화법은 건설적인 방법으로 그것을 알려준다.

'내 기분' 화법의 문장은 '이럴 때 내 기분은 이렇다, 왜냐하면 이렇기 때문이다. 따라서 해결책은 이것이다'의 구조로 이루어진다.

'내 기분'을 말하는 것이 처음엔 어색할 수도 있다. 오랫동안 다른 화법에 익숙해진 상태라면 더욱 그럴 것이다. 그래도 한번 시도해보고 어떻게 되는지 지켜보기 바란다. 그 방식이 얼마나 효율적인지 깨닫고 나면 더 자주 사용하게 될 것이다.

3. 건강한 대화의 방식을 익혀라

보다 건강한 인간관계를 위해 당신이 사람들과 교감하고 대화하는 방식을 점검해보는 것도 도움이 될 것이다. 대화의 방식으로는 주로 수동적 대화, 공격적 대화, 단호한 대화, 세 가지가 있다. 하나씩 살펴보고 가장 좋은 소통의 방식이 무엇인지 살펴보자.

소극적 대화

다음은 소극적 대화의 사례다. "당연하지. 내 스웨터 빌려가도 돼." 사실 그 스웨터는 할머니가 주신 것이고 당신은 다른 사람이 그 스웨터에 손대는 것을 원치 않는다. 소극적인 대화는 대체로 낮은 목소리로, 눈을 맞추지 않는 상태로 이루어진다. 수동적인 대화에서 전달되는 메시지는 "나는 안 괜찮아, 너는 괜찮아"이다. 당신은 자신의 욕구를 언급하지 않고 상대를 기쁘게 하려고 비위를 맞춘다. 반면 자신이 원하는 것은 외면한다. 가스라이팅 부모와의 관계에서 부모가 통제 밖으로 치닫는 것을 막기 위해 이런 화법을 습득하는 경우가 많다.

공격적 대화

반면 공격적인 대화는 "나는 괜찮아, 너는 안 괜찮아"의 상황이다. 이 대화에서는 상대를 배려하지 않고 자신의 욕구만 표현한다. 다음은 공격적 대화의 사례다. "절대 안 돼. 내 스웨터 못 빌려줘. 어차피 너한테 안 어울려." 당신의 목소리는 평상시보다 더 크다. 독한 말을 하면서 얼굴에는 미소를 띨 수도 있다. 그런 기술이라면 가스라이터가 전문가다.

수동적으로 공격적인 대화

다음으로 수동적으로 공격적인 대화가 있다. 자신의 욕구를 말로 표현하지 않고 행동화하는 방식이다. "물론 스웨터 빌려가도 돼"라고 말해놓고, 그 사람에게 우편물을 전달하는 것을 일부러 잊어버리거나 험담을 하고 다닌다. 자신의 권리를 부정하고 다른 사람을 짓밟는 행동이다.

단호한 대화

"나는 괜찮아, 너도 괜찮아"의 대화는 상대의 욕구를 존중하면서 자신의 욕구도 표현한다. "미안, 난 그 스웨터는 빌려줄 수 없어." 이 대화에서는 상대를 존중하는 방식으로 자신의 욕구(스웨터를 빌려주고 싶지 않은 것)를 표현하고 있다. 당신은 상대방을 비난하거나 화난 목소리로 말하지 않는다. 단호한 대화야말로 자신의 욕구를 표현하는 가장 건강한 대화의 방식이다.

직장에서 위원회 회장을 맡아달라는 부탁을 받았는데 그 일을 할 시간이 없다고 가정해보자. 수동적인 대화는 정말 하고 싶지 않은데도 그 일을 맡겠다고 하는 것이다. 공격적인 대화는 "싫어요. 다시는 그 얘기 꺼내지 마세요!"라고 말하는 것이다. 그렇게 말할 경우, 사람들이 당신 앞에서 그 얘기를 꺼내는 것을 두려워할 것이 분명하다. 수동적으로 공격적인 대화는 위원회 회장을 맡겠다고 말하고, 그 일에 시간을 너무 많이 뺏기는 게 싫어서 회의에 삼십 분 늦게 나타나고 위원회 관련 이메일에 답하지 않는 것이다.

단호한 대답은 "그 일은 맡을 수가 없습니다"라고 말하는 것이다. 당신의 답변은 요지가 분명하다. 당신은 상대를 존중하고 있고, 그보다 더 중요한 것은, 자기 자신을 존중하고 있다는 것이다.

4. 비언어적 의사소통에 주의를 기울여라

말을 할 때 당신의 몸짓 언어에 주의를 기울여라. 당신이 마음을 열고 있음을 표현하라. 팔짱을 끼고 있으면 "당신이 하는 말에 관심 없어", 혹은 "난 지겨워"라는 메시지를 전달하는 것이다. 팔이나 다리를 꼬지 않는 열린 자세는 대화를 주고받을 준비가 되었음을 알려준다.

가스라이터는 말과 행동을 일치시키지 않는 것에 능하다. 가스라이터는 자신의 말과 전혀 맞지 않는 표정으로 전혀 다른 메시지를 전한다. 건강한 사람들은 일관성이 있다. 말과 표정이 일치한다. 대화할 때 당신의 몸짓 언어와 표정이 당신이 하는 말과 일치하는지 살펴보아라.

당신이 하는 말은 물론이고 그 말을 하는 방식에도 주의를 기울여라. 말투는 당신이 전달하는 메시지에서 상당히 큰 비중을 차지한다. 문자 메시지가 소통의 주요 수단으로 이용될 경우 마찰이 일어나기 쉬운 것도 바로 이 때문이다. 어떤 메시지의 어조가 완벽하게 전달되지 않을 때 메시지의 내용은 쉽게 곡해된다.

화가 나면 목소리가 높아지는 경향이 있다. 목소리가 높아지는지 주의를 기울이고 항상 중간 정도의 크기에 상냥하고 온화한 말투를 유지하려고 노력하라.

5. 동등한 자세로 대화하라

가스라이팅 행동을 하는 사람들은 때때로 특별한 의식 없이 상대에게 아랫사람 대하듯 말하곤 한다. 당신이 가스라이터에게 양육되었다면, 가스라이터가 당신에게 그런 식으로 말했을 수도 있다. 건강한 인간관계의 목표는 동등한 관계에서 소통하는 것이다. 그 누구도 남보다 우월하지 않다. 에릭 번Eric Berne 박사가 창안한 교류 분석 모델에는 '부모 성인 아동 자아 모델Parent Adult Child Model, PAC'이라는 것이 있다. 이 모델은 사람들이 서로 교류하는 방식을 보여주고 연인이나 가족이 서로를 존중하며 더 잘 소통할 수 있는 방법을 제시한다.

우리는 대화할 때 부모 자아, 성인 자아, 아동 자아 중 한 가지의 역할을 맡는다. 부모 자아로 대화할 때는 "이렇게 해", "이렇게 해야지", "이렇게 해야만 해", "절대", "반드시" 같은 문구를 사용한다. 이런 문구 속에는 부모가 말할 때처럼 상대에 대한 비난 혹은 허용의 의미가 담겨 있다. 부모 자아로 말하는 사람은 비언어적 공격성을 드러낸다. 손가락으로 가리키거나 주먹을 쥐거나 상대방에게 바짝 붙어 서 있는 식이다. 반면, 아동 자아로 대화할 때는 말보다 감정을 이용한다. 말로 소통하는 대신 울거나 화를 낸다. "이걸 원해", "이게 필요해", "상관없어" 같은 말들을 사용하기도 한다. 아동 자아로 대화하는 사람은 상대를 놀리거나 키득대거나 징징거리는 식으로 말한다. 몸을 비틀거나, 마치 상대의 말이 들리지 않는 것처럼 행동할 수도 있다.

건강한 관계라면 양쪽 모두 성인 자아로 대화하는 것을 목표로 삼아야 한다. 성인 자아로 대화하는 사람은 상대를 함부로 판단하지 않고 상대의 말을 진심으로 경청한다. 방어적인 태도를 취하지 않고 대화할 때 열려 있음을 비언어적으로 표현한다. 성인 자아로 대화하는 사람은 상대방이 하는 말을 이해하려고 노력한다. 자신의 의견을 강요하지 않고 상대의 관점에 대해 질문하고, 그다음에 자신의 생각과 제안을 내놓는다. 성인 자아의 대화에서는 인간의 행동 영역에 중간지대가 있음을 자주 인지한다. 다시 말해서, 사람들의 욕구와 필요는 복잡하고, '좋기만' 한 사람도 '나쁘기만' 한 사람도 없음을 알고, 인간의 감정과 행동의 폭은 참으로 넓다는 것을 안다. 성인 자아로 대화하는 사람은 또한, 침착하게 상대가 동의하지 않을 수 있음을 인정하고, 과거의 상처를 들먹이지 않는다.

앞으로 대화할 때 당신이 부모인지, 아이인지, 성인인지 한번 살펴보라. 앞서 말했듯, 만약 당신이 가스라이팅 행동을 한다면 부모 자아로 대화하기가 쉽다. 가스라이터를 상대하다 보면, 아동 역할을 하게 되는 경우가 많다. 당신이 사용하는 단어들과 몸짓 언어들을 잘 살펴보라. 그것들을 성인의 것으로 바꾸려고 노력해라.

어쩌면 상대가 가스라이터일 수도 있다

가스라이터가 자주 사용하는 기술 중 하나가 '투사'다. 가스라이터는 실제로는 그 자신이 통제하고 조종하면서, 다른 사람이 자신을 조종한다고 비난한다. 어쩌면 당신도 그런 상황에 처한 것일 수도 있다. 누군가가 당신이 사람을 조종하려 한다고, 당신이 가스라이터라고 비난했는가? 처음에는 한심한 헛소리라는 생각이 들었는가? 당신의 직감을 믿어라. 당신이 보았던 것처럼, 가스라이터들은 조종의 명수라 실체를 파악하기 어렵다. 우리가 누군가의 가스라이팅 행동을 지적할 때, 그 사람이 우리에게 당신이야말로 가스라이터라고 말하는 것은 너무도 흔하다. 가스라이터는 그런 식으로 자신들의 불쾌한 행동으로부터 우리의 주의를 분산시킨다. 가스라이터는 자신의 행동을 들키는 것을 싫어한다. 그것은 당신이 한 수 위라는 뜻이기 때문이다.

물론 어떤 관계에서는 두 사람이 모두 가스라이팅을 하는 것도 가능한 일이다. 처음엔 가스라이터가 한 명이었지만 다른 한 명이 그의 행동에 대응하기 위해 가스라이터의 행동을 따라 하고 가스라이터의 '언어'를 습득할 수도 있다. 때로는 가스라이터가 아닌 사람이 가스라이터와 똑같은 주의 분산과 조종의 기술을 습득함으로써 가스라이터를 이기려 할 수도 있다. 당신이 아무리 똑같이 가스라이팅 행동을 따라 해도 소용없다. 조종과 모욕에 관해서라면 가스라이터가 언제나 당신보다 한 수 위다. 더구나 당신의 인격과 가치에 부합되지 않는 말을 하려면 당신은 감정적으로 대가를 치러야 한다. 이번에도 당신의 감을 믿어라. 당신이 가스라이팅 행동을 한다는 비난을 받는다면, 현재 펼쳐지는 상황의 역학관계를 찬찬히 살펴보고 정말 당신의 잘못인지 생각해보라. 만약 당신이 이 모든 상황을 의식하고 있다면, 당신이 문제가 아닐 수도 있다!

잘못을 바로잡기 위해서

만약 당신이 실제로 누군가를 가스라이팅했다면 당신이 상처를 준 친구나 가족에게 사과하는 것도 치유의 한 과정이다. 자신의 행동에 책임을 지고 보다 나아지려고 노력하는 것은 당신의 행복뿐 아니라 당신이 사랑하는 사람의 행복에도 영향을 미친다.

1. 사과하라

"남동생에게 내가 너무 조종하려고 해서 미안하다고 했어요. 전혀 기대하지 않았는데, 동생도 자기가 잘못한 것들에 대해 사과하더라고요. 그게 우리에겐 하나의 전환점이 되었어요."-메건. 50

당신이 다른 사람에게 입힌 피해와 상처에 대해 사과하라. "내가 소리 질러서 네 기분이 상했다면 미안해." 이와 같은 말은 제대로 된 사과가 아니라는 것을 기억하라. 그런 말은 상대방에게 책임을 전가하는 것이다. 다음은 제대로 된 사과의 예시다. "내가 소리 질러서 미안해. 상처를 주는 행동이었고 좋은 행동이 아니었어. 이제 상담을 받아서 대화를 잘 이끌어가는 방법을 배우려고 해. 왜냐하면 내가 한 행동은 분명히 잘못이었으니까." 여기서 당신은 자신의 잘못된 행동을 집어서 말하고, 그 행동에 대한 책임을 지고, 자신이 상대방에게 고통을 주었음을 인정하고, 그런 점을 개선하기 위해 하고자 하는 일을 말하고 있다.

2. 연인 혹은 배우자에게 공간을 주어라

"아내에게 미안하다고 말했더니 생각할 시간이 필요하다고 했어요. 나는 두려워서 그러지 말라고 했죠. 그랬더니 상황이 더

악화되었어요."-조나단, 38

사랑하는 사람에게 사과하고 상담을 받는다 해도 그가 반드시 당신과의 관계를 지속하기를 원한다는 보장은 없다. 어떤 피해는 복구되기까지 아주 긴 시간이 걸린다. 사과를 한 뒤에는 지금 당신이 할 수 있는 일이 있는지 물어보라. 만약 상대방의 대답이 "혼자 있고 싶어"라고 해도 놀라지 마라. 상대의 요구를 존중하고 인정하는 모습을 보여라. 사랑하는 사람이 당신에게 요구하는 것에 대해 캐묻거나 이의를 제기하지 마라. 그가 먼저 연락할 때까지 기다려라.

사랑하는 사람이 생각할 시간이 필요하다고 하면, 당신은 그 시간을 치유와 개선에 집중하는 시간으로 활용하라. 상담을 통해 당신이 왜 가스라이팅 행동을 하는지, 어떻게 하면 그 행동을 중단할 수 있는지, 어떻게 하면 보다 건강한 방식으로 행동할 수 있는지 알아볼 수 있다.

3. 노력해도 안 된다면 받아들여라

한 사람이 좋은 방향으로 달라진다고 해도 두 사람의 관계가 지속되지 않는 경우도 많다. 어쩌다 보니 한 사람이 다른 삶의 행로에 접어들게 되는 경우도 있고, 줄곧 가스라이팅을 했던 사람은 상대방인데 당신이 모든 것을 당신 자신의 탓으로 돌리고 있었음을 깨닫게 되었을 수도 있다. 두 사람의 관계가 끝나면 당신은 죽음의 슬픔에서 벗어나는 과정과 크게 다르지 않은 애도의 과정을 겪는다. 당신에게 가스라이팅 성향이 있다면 관계가 끝났을 때 버려진 기분이 들 수도 있다. 엘리자베스 퀴블러 로스의 슬픔의 5단계는 이 과정을 정확하게 표현하고 있다. 퀴블러 로스는 이 다섯 단계를 모두 거칠 수도 있고, 순서가 바뀔 수도 있으며, 어떤 단계는 건너뛸 수도 있다고 했다. 이 단계들은 실연 이후 당신이 느끼는 감정들이 자연스러운 것임을 알려주는 하나의 지침이 되어준다.

슬픔의 5단계

- **부정 그리고 충격:** "아직 끝나지 않았어. 그럴 리가 없어." 어쩌면 당신은 이 상황이 현실일 리 없다고, 악몽을 꾸고 있다고 생각할 수도 있다.

- **분노:** "어떻게 날 떠날 수가 있지. 아마 지금쯤 인생 최고의 시간을 보내고 있겠지." 당신이 느끼는 상실감과 아무 상관이 없는 사람에게 비이성적인 분노를 느낄 수도 있다. 당신 자신에 대한 분노를 느낄 수도 있다.

- **협상:** "맹세합니다. 그녀가 다시 돌아오기만 하면, 다시는 소리 지르지 않을게요." 당신이 믿는 절대자와, 혹은 당신 자신과의 협상을 시도한다. "만약 이렇게만 되면, 나는 이렇게 하

겠다"는 식이다. 그러나 그 일이 일어나지 않으면, 당신은 또 다른 협상안을 제시한다. 그러나 그 협상도 실현되지 않는다.

- **우울:** "어쩌면 정말 끝인지도 몰라. 이렇게 암울하긴 처음이야." 대부분의 시간에 당신은 눈물을 흘린다. 팔다리가 무겁게 느껴진다. 무기력하다. "이대로 내가 사라져 버렸으면", 혹은 "내가 죽으면 이 모든 고통이 끝나겠지" 하는 생각이 들고 자살충동을 느낄 수도 있다.

- **수용:** "좋은 경험이었어. 다음번엔 더 건강한 관계를 맺을 거야." 당신에게 일어난 일이 마음에 들진 않지만 그 일이 일어났다는 사실을 인정한다. 어쩌면 이 실연의 긍정적인 측면들이 보일 수도 있다. 예를 들면, 자신에 대해 더 많이 알게 되었고 상담도 받게 되었다. 용서를 실천해볼 수도 있을 것이다. 용서는 과거에 당신에게 일어난 일이 괜찮다는 의미가 아니다. 과거를 돌이키려는 마음을 접는 것이다. 그 일을 놓아버리고 그 일에 휘둘리는 것을 멈추는 것이다.

4. 놓아버려라

종교와 상관없이 라인홀드 니부어Reinhold Niebuhr의 '평온을 비는 기도Serenity Prayer'는 상실의 시간이나 삶의 위기를 헤쳐 나가는 데 훌륭한 지침이 된다. "신이시여, 내가 바꿀 수 없는 일을 받아들이는 평온을, 바꿀 수 있는 것은 바꿀 용기를, 그리고 그 둘의 차이를 아는 지혜를 주소서."

'차이를 아는 지혜'야말로 이별과 같은 힘겨운 시기를 헤쳐 나갈 때 가장 어려운 부분이 아닐까 싶다. 이별이 당신 탓이라는 생각이 들면 더 그럴 것이다. 때로는 이별의 슬픔에서 벗어나기 위해서는 그저 시간과 인내심이 필요할 뿐이다.

이 모든 감정들이 일시적인 것임을 기억하라. 비록 지금은 괴로워도 차차 나아질 것이다. 이별의 슬픔은 거대한 파도가 덮치는 것과 같다. 그 속에서 허우적거릴 땐 다시는 떠오르지 못할 것 같다. 그러나 시간이 지날수록 파도는 잦아들고 잦아들어서, 마침내는 어쩌다 한 번씩 당신을 때리는 슬픔의 잔파도만 남는다.

5. '좋은 마무리'는 욕심이다

'마무리'가 되지 않아서 이별의 슬픔을 결코 이겨낼 수 없는 기분이 든다면, 비밀을 하나 알려주고 싶다. '마무리'라는 말은 과대평가된 개념이다. 어쩌면 당신이 원하는 '마무리'는 결코 오지 않을지도 모른다. 여기서 내가 말하는 '마무리'라는 것은 당신의 애인 혹은 배우자와 마주 앉아서, 혹은 통화로 제대로 된 '작별인사'를 주고받는 것을 뜻한다. 일종의 '관계의 부검'이랄까. 떠나간 애인으로부터 정확히 당신의 어떤 행동 때문에 그가 떠났는지 듣고 싶어서 기다리고 있다면, 당신은 아주 오래 기다려야 할 것이다. 그동안 우리의 삶은 흘러간다. 설령 그가 당신을 떠나게 된 이유를 듣는다 해도, 그 대답이 당신이 느끼는 공허함을 채워주지는 않는다. 당신은 여전히 이유를 물을 것이고, 정말 그게 다냐고 물을 것이다. 당신이 할 수 있는 최선의 선택은 자신의 문제점을 개선하기 위해 계속 노력해서, 다음번에 진지한 만남의 기회가 주어졌을 때 정서적으로 최상의 상태가 되어 있는 것이다.

11

당신 스스로를
도와라

벗어나고 극복하고 치유하는 방법들

가스라이팅의 희생자건 본인이 가스라이팅 행동을 했건 정신 건강 전문가와의 상담은 큰 도움이 된다. 가스라이팅은 극도의 스트레스를 유발한다. 가스라이터와 함께 아이를 양육했다면 아이들도 스트레스를 받는다. 스스로를 잘 돌보아라. 충분한 수면과 운동, 건강한 식습관을 유지하는 것은 자신을 잘 돌보기 위해 매우 중요하다. 그것만큼 중요한 것이 전문가의 도움을 받는 일이다.

앞에서 살펴본 바와 같이 만약 당신이 가스라이터에게 양육되었거나 가스라이터와 사귀었다면, 당신이 당신 자신을 가스라이팅할 수도 있다. 가스라이터의 세뇌로 삶의 전반에 걸쳐 자신을 의심하게 될 수도 있다. 전문가의 도움이 필요하다는 사실을 인정하는 것은 엄청난 용기가 필요한 일이고, 따라서 당신은 자부심을 가져야 한다. 도움을 받는 것은 훌륭한 일이다. 누구나 자신이 도움이 필요한 상태라는 걸 아는 건 아니다.

벗어나고 극복하고 치유하는 방법들

상담

당신이 가스라이팅의 희생자였다면 혹은 자신에게서 가스라이팅 행동을 발견했다면, 전문 상담 기관을 찾는 것이 도움이 된다. 그저 앉아서 얘기나 하는 것처럼 보일 수도 있지만, 사실 상담은 힘든 일이다. 상담에서 무엇을 얻느냐는 전적으로 당신의 노력에 달려 있다. 무엇을 기대하느냐에 따라서도 달라진다. "이 상담이 내 삶에서 긍정적인 변화를 일으킬 거야"라는 식의 태도로 임한다면 "해봐야 소용없겠지만, 한번 해보자"라는 식의 태도로 임하는 것보다 결과가 좋을 것이다. 의욕과 호기심을 갖고 상담실에 들어서라. 그러면 더 많은 통찰과 삶의 새로운 대처 기술과 소통 기술을 얻을 것이다.

나에게 맞는 상담사 찾기

"몇 사람을 거치고 나서야 제대로 얘기할 수 있을 것 같은 사람을 찾았어요."-디온, 34

정신 건강 전문가를 만나면, 곧바로 뭔가 통하는 느낌이 들 수도 있고 그렇지 않을 수도 있다. 당신에게 맞는 사람을 선택하기까지 여러 사람을 거쳐야 할 수도 있다. 당신에게 잘 맞는지 결정할 때 당신의 직감에 의존하라. 직감은 무언가가 괜찮은지 아닌지를 알려주는 우리의 본능이다. 가스라이터 부모 밑에서 성장했다면, 부모의 행동이 잘못되었음을 당신의 직감이 알려주었을 것이다. 당신이 부모에게 그렇게 얘기했다가는 미친 거 아니냐는 소리를 들었을 것이다. 가스라이터와 사귀고 있거나 과거에 사귀었어도 마찬가지다. 당신의 직감은 거의 정확하다는 사실을 인정하고, **직감이 당신에게 무언가가 좋은지 나쁜지를 알려줄 때 귀를 기울여라.** 직감은 거의 항상 적중한다. 정신 건강 전문가를 고용하는 사람은 당신이기 때문에 다른 사람들이 적극 추천했더라도 당신이 얘기하기 불편하다면 배제해야 한다.

어떤 정신 건강 전문가들은 주로 듣고 있다가 당신이 원할 때에만 답변을 준다. 반면, 보다 직접적으로 얘기하고 심지어 당신의 말을 자르는 사람도 있다. 당신에게 가스라이팅 성향이 있다면, 다소 직접적으로 얘기하는 사람이 필요할 수도 있다. 왜냐하면 가스라이팅 성향이 있다는 것은 당신이 사람을 쉽게 '제압'하거나 조종한다는 의미이기 때문이다. "다소 직접적으로 말하고 내가 잘못하면 바로 지적해줄 수 있는 사람을 원한다"고 말하는 것도 한 방법이다.

상담 치료를 받는다고 사람들에게 말해야 할까?

"우리 가족은 정신과 상담은 완전 미친 사람들이나 받는 거라고 생각해요. 가장 가까운 친구한테도 말하지 않는 걸 누군가에게 얘기한다는 게 좀 이상하게 느껴졌어요. 하지만 말하기 창피한 것들을 털어놓고 나니… 오히려 해방감이 들었어요." –알폰소, 37

상담 치료를 받는다는 사실을 사람들에게 알릴지 말지는 전적으로 본인이 결정할 문제다. 가족과 친구들은 당신이 상담받는 것을 이상하게 생각할 수도 있다. 가족 중에는 집안의 비밀이 새어나가는 것을 걱정하는 사람도 있을 수 있다. 상담 치료를 받는다는 것은 용기 있는 일이고 좋은 일이다. 그것은 당신이 삶을 살아가는 데 있어 누군가의 도움이 필요하다는 것을 인정하는 일이다. **누구에게나 문제는 있다. 당신은 그 문제를 해결하려고 노력할 정도로 강한 사람이다.** 다른 사람의 반응 따위는 신경 쓰지 마라. 혹은 아무 말도 하지 말고 일단 가라.

상담의 유형

이제 다양한 유형의 상담에 대해 살펴보려 한다. 어떤 상담유형이 유독 끌릴 수도 있지만, 정신 건강 전문가 대부분이 다양한 상담유형을 혼합해서 사용한다는 것을 알게 될 것이다. 이제 다양한 상담이론을 살펴보고 그중에 당신에게 맞는 것이 있는지 생각해보자.

1. 내담자 중심 치료

내담자 중심의 상담은 비지시적인 상담이다. 당신은 상담 내내 운전석에 앉아 있고, 정신 건강 전문가는 중립적인 태도를 취한다. 정신 건강 전문가가 당신을 특정한 방향으로 유도하거나 충고하지 않는다.

무조건적이고 긍정적인 존중

내담자 중심의 상담에서 '무조건적이고 긍정적인 존중'은 큰 비중을 차지한다. 이는 정신 건강 전문가가 당신을 있는 그대로의 모습으로 받아들이고, 당신이 무슨 이야기를 하든 지지하는 것이다. 당신이 가스라이팅을 당했다면 이미 혹독한 비난을 당해 보았을 것이다. 내담자 중심의 상담이야말로 그 어떤 비난과 판단 없이 당신의 문제를 얘기할 수 있는 안전지대이다.

진정성

진정성 있는 정신 건강 전문가를 만나는 것도 내담자 중심 상담의 중요한 부분이다. 이것은 전문가가 당신을 '진심'으로 대하면, 당신도 감정을 털어놓을 수 있다는 뜻이다. 예를 들면, 당신이 어머니의 가스라이팅 때문에 쓸모없는 존재처럼 느껴졌다고 말하면, 정신 건강 전문가는 당신이 그런 대우를 받았다니 화가 난다고 말할 수 있다. 전문가가 당신을 진심으로 대하면 당신은 그를 롤모델 삼아 취약성을 드러내는 법을 배울 수 있다. 취약성을 드러내는 것은 당신의 내면을 나누고 생각을 나누는 것이다. 가스라이터의 희생자인 당신은 본모습을 내면 깊숙이 숨겨두어야 했을 것이다. 취약성을 보이면 가스라이터가 그것을 공격신호로 받아들인다는 걸 알았기 때문이다. 취약성을 드러내는 법을 배우는 것이야말로 당신의 삶에 드리워진 가스라이터의 그림자로부터 벗어나기 위한 첫걸음이다.

자아개념

자아개념이란 당신이 자기 자신에 대해 갖고 있는 생각을 말한다. 자아개념은 생각과 가치로 이루어진다. 가스라이터는 당신의 생각과 가치가 잘못된 것이라고 말했거나 대놓고 무시했을 것이다. 그 과정에서 자아개념이 실제와 다르게 바뀌었을 수 있다. 가스라이터의 비난 때문에 자신이 쓸모없는 존재라고 생각하거나 뭐 하나 제대로 못 한다고 믿게 되었을 수도 있다. 내담자 위주의 상담을 통해 본래 모습을 되찾고 정확한 자아개념을 확립할 수 있다. 당신은 선하고, 정직하며, 자신감 넘치는 사람이다.

2. 인지 행동 치료

인지 행동 치료란 하루 종일 우리 머릿속에서 재생되는 내면의 독백, 혹은 목소리에 집중하는 상담 치료의 한 유형이다. 인지 행동 치료에서는 우리가 특정한 사건에 대해 특정한 감정을 느끼게 되는 것은 그 사건 자체 때문이 아니라고 본다. 그 사건을 우리가 어떻게 생각하느냐가 우리의 감정에 영향을 미친다는 것이다. 그 과정은 다음과 같다.

행동 → 믿음 → 결과

당신에게 어떤 사건이 일어났다고 치자. 그 사건에 대한 당신의 생각이 있다. 그 생각들이 당신의 감정을 결정한다. 출근하는 길에 흙탕물에 발이 빠졌다고 가정해보자(행동). 당신은 이렇게 생각한다. '이렇게 멍청한 짓을 하다니 믿을 수가 없네. 출근하면 아마 다들 나를 놀리겠지(믿음).' 결국 당신은 하루를 망친다(결과). 반면, 출근길에 흙탕물에 발이 빠졌는데(행동), 이렇게 생각한다고 가정해보자. '뭐, 이런 일도 있는 거지. 동료들하고 웃을 건수가 하나 생겼네(믿음).' 결국 당신은 좋은 하루를 보낸다(결과). 이 이론에 따르면 특정 사건을 어떻게 생각하느냐에 따라 결과가 달라진다. **그렇다면 당신에게 좋은 쪽으로 생각해보는 게 어떨까.**

부정적인 독백을 중단하라

누구나 하루 종일 머릿속에서 재생되는 목소리가 있다. 당신 자신의 목소리일 수도 있고 부모님의 목소리일 수도 있고, 선생

님의 목소리, 혹은 당신에게 비판적이었던 누군가의 목소리일 수도 있다. 대부분의 사람들은 '내면의 대화'를 인식하지 못한다. 잠시 시간을 갖고 내면의 목소리에 귀를 기울여보라. 별로 친절하지 않은 목소리가 들릴지도 모른다. 때로는 패배주의적이고, 당신을 비하하는, 노골적으로 잔인한 목소리일 수도 있다. 당신에게 새로운 임무가 주어졌을 때 그 목소리가 "넌 별로 똑똑하지 않아. 절대 못 해낼걸"이라고 말할 수도 있다. "넌 항상 그 모양이야"라고 말할 수도 있다.

부정적인 독백(혹은 부정적인 인지)을 멈추기 위한 첫 번째 방법으로는 부정적인 말을 하고 있다는 사실을 알아차리는 것이다. 내면의 목소리를 인지하는 것이야말로 그 목소리를 멈추는 긴 여정의 시작이다. 부정적인 말을 하는 내면의 목소리가 들리면, 멈춤 표시를 시각적으로 생각하거나, "그만!"이라고 말해보아라. 그러다 보면 부정적인 생각이 멈출 것이다. 그리고 긍정적인 대안이 떠오를 것이다. 예를 들면 "난 절대 나아지지 않을 거야"는 "차차 나아질 거야"로, "난 제대로 하는 게 없어"는 "지금 이대로도 괜찮아"로.

사고의 패턴을 바꾸는 것은 쉽지 않다. 하지만 일단 시작하고 나면 갈수록 쉬워진다. 그러다가 어느 순간, 부정적인 생각들이 전부 사라졌음을 깨닫게 될 것이다. 긍정적인 생각은 자기 충족적 예언이 된다. 오늘 멋진 하루를 보낼 거라고 생각하면, 아마도 멋진 하루를 보내게 될 것이다. 자, 이제 자신에게 좋은 기회를 줘보자.

인지 왜곡

가스라이팅의 희생자나 가스라이팅 행동을 하는 사람은 소위 '인지 왜곡'이라고 불리는 증상을 보이는 경향이 있다. 인지 왜곡은 자신에게 나쁜 쪽으로 생각하는 사고의 방식이다. 그것을 왜곡이라고 부르는 이유는 그 생각들이 우리가 우리 자신과 주변 세상을 바라보는 방식을 왜곡하기 때문이다. 인지 왜곡에는 과도한 일반화, 재앙화, 축소화, 독심술, 개인화가 있다. 어쩌면 당신은 이러한 사고의 패턴을 자신을 보호하기 위한 방패로 사용하고 있을지도 모른다. 그것들이 어떻게 작용하는지 살펴보자.

- **과도한 일반화:** 한 가지 사건이 전개된 방식으로 모든 사건이 전개될 거라고 생각할 때 당신은 과도하게 일반화하고 있는 것이다. 예를 들면 "친구가 나하고 같이 영화 보러 안 가겠대. 난 친구가 없어"라고 말하는 것이다. 사실 당신에겐 그 친구 말고도 다른 친구들이 있다. 우리 삶에서 '전부 아니면 아무것도 아닌' 경우는 지극히 드물다. 과도한 일반화를 하는 순간, 자신에게 물어보라. 과연 그게 사실인가? 만약 당신이 가스라이팅 상황 속에 있다면 "그 사람이 떠나면, 난 다시는 행복할

수 없을 거야" 혹은 "오늘 끔찍한 하루였어. 나는 매일이 끔찍해" 같은 생각을 해본 적이 있을 것이다. 이것은 성난 비관주의자의 시각으로 세상을 바라보는 것이다.

- **재앙화:** "언덕을 보고 산이라고 한다"라는 속담이야말로 재앙화를 가장 잘 설명하고 있다. 예를 들면 "여자 친구가 오늘 저녁에 얘기 좀 하자고 하네. 아무래도 우리 끝난 거 같아. 내가 그걸 줄 알았어!"라고 생각하는 것이다. 아무 증거도 없이 결론에 도달해버린다. 이런 식의 반응은 이런 생각을 알아차림으로써 바뀔 수 있다. "엎질러진 우유를 보고 울어봐야 소용없다"는 속담은 가스라이터 부모를 둔 사람에게는 도움이 되지 않는다. 우유를 쏟아놓은 것 같은 사소한 일에 부모가 악을 쓰는 괴물로 변해서 우유가 얼마나 비싼지 아냐고, 우유를 쏟는 너는 쓸모없는 애라고, 계속 이렇게 우유를 쏟다간 우유 살 돈도 떨어질 거라고 일장 연설을 늘어놓기 때문이다. 사실 우유를 쏟는 건 언제든 일어날 수 있는 일인데 말이다. 건강한 부모라면 그저 "이런!" 하고 넘어가고 아이들이 우유를 닦는 것을 돕는다.

- **축소화:** 이것은 중독자들의 전형적인 행동이다. "저녁에 맥주 열두 캔을 마신다고 해서 나한테 문제가 있는 건 아니야." 이것은 재앙화의 반대 개념으로, 산을 언덕으로 만드는 것이다. 축소는 부정의 한 형태다. "나한텐 아무 문제도 없으니 신경

꺼"라고 말하는 것이다. 정신 건강 전문가의 도움을 받거나 상담을 받으면 당신이 어떤 문제를 실제보다 축소해서 생각하고 있는지, 아니면 특정한 문제, 알코올 문제 혹은 가스라이터의 학대 같은 것만 축소해서 생각하고 있는지 판단할 수 있을 것이다.

- **독심술:** "그 사람이 날 쓸모없다고 생각하고 있어." 자신의 생각을 다른 사람의 생각으로 여기는 것이 독심술이다. 당신에게 가스라이팅 성향이 있다면 자동적으로 사람들이 당신에 대한 부정적인 얘기를 하고 있다고 생각할 것이다. 당신 삶의 누군가가 끊임없이 당신에 대한 부정적인 정보를 주입했기 때문이다. 다른 사람이 무슨 생각을 하는지 우리는 결코 알 수 없다. 우리가 초능력을 지닐 확률은 지극히 낮고, 따라서 사람들이 당신에 대해 긍정적으로 생각한다고 가정하는 편이 낫다. 게다가 우리가 늘 하는 말이지만, 다른 사람들이 당신에 대해 어떻게 생각하건, 그건 그들의 문제다.

- **개인화:** "내가 인사를 했는데 받아주지 않았어. 쓰레기 같으니라고." 어쩌면 당신의 친구는 그저 바빴거나 당신의 인사를 듣지 못했을 것이다. 다른 일에 정신이 팔려 있었을지도 모른다. 우리 삶에서 일어나는 일들 중에서 감정적으로 받아들여야 할 일은 지극히 드물다. 설령 누군가가 당신에게 화가 났다고 해도, 그건 그 사람의 문제이지 당신의 문제가 아니다.

인지적 왜곡의 순간을 보다 명확히 인식하는 것만으로도 왜곡은 점점 덜 나타난다. 왜곡은 긍정적인 생각으로 바뀌기 시작할 것이다. 유해한 사고의 틀을 멈추는 것이야말로 육체적으로, 그리고 정신적으로 당신에게 최선이다.

3. 변증법적 행동 치료

변증법적 행동 치료는 인지 행동 치료의 한 유형이다. 가스라이팅의 희생자와 가스라이팅 행동을 하는 사람 모두에게 도움을 줄 수 있다.

변증법적 행동 치료는 본래 경계성 성격 장애를 치료하는 데 사용되었다. 경계성 성격 장애의 한 특징으로는 '전부 아니면 아무것도 아닌' 식의 사고를 들 수 있다. 경계성 성격 장애를 지닌 사람들은 사람을 이상화했다가 비하하는 것 사이를 오간다. 그들은 사람을 높이 떠받들며 완전무결한 사람으로 칭송하다가, 어느 순간 그들을 끌어내려서 형편없고 나쁜 사람으로 만든다. 자해적인 행동(베거나, 찌르거나, 태우거나, 지우개로 피부를 문지르는 등)을 하고 자살을 기도한다. 아마도 가스라이터가 그런 행동을 하는 것을 보았거나, 당신 자신이 시도한 적이 있을지도 모른다. 가스라이팅과 경계성 성격 장애는 함께 나타나기도 한다. 자기애적 성격 장애, 연극성 성격 장애, 반사회적 성격 장애도 마찬가지다.

변증법적 행동 치료는 스트레스에 대한 내성을 기르는 것, 감정을 '안정적인 상태'로 유지하는 것, 인간관계를 향상시키는 것에 중점을 둔다. 변증법적 행동 치료는 우리가 수용과 변화 사이에서 균형을 찾을 수 있다고 본다. 당신이 가스라이팅 행동을 하게 된 것이 전적으로 당신의 책임은 아닐지 몰라도, 지금까지와는 다른 건강한 삶의 방식을 선택하는 것은 전적으로 당신의 책임이다. 변증법적 행동 치료를 통해 당신의 경험을 감안했을 때 합당하게 받아들이고 이해할 수 있는 행동은 무엇이며, 보다 건강한 사람이 되기 위해 노력하고 변화시켜야 할 행동은 무엇인지 파악할 수 있다. 수용과 변화를 오가는 과정이야말로 변증법적 행동 치료의 '변증법적인' 대목이다.

변증법적 행동 치료의 주요 개념은 다음과 같다.

고통 내성

고통스러운 사건들은 우리 삶에서 늘 일어난다. 그것들을 피할 수는 없다. 어떤 사람들은 힘든 시련을 그럭저럭 잘 견디는 반면, 어떤 사람들은 그 일을 감당하는 것을 유독 힘들어한다. 만약당신이 가스라이팅 행동을 하고 있다면, 삶이 당신을 향해 던지는 변화구가 힘겹게 느껴질 수도 있다. 이러한 불미스러운 사건들이 일어나는 것이 다른 사람 탓이라고 생각할 수도 있다. 혹은 이런 일은 당신에게 일어나서는 안 된다고, 이건 부당하다고, 이일이야말로 당신에게 일어난 최악의 사건이라고 생각할 수도 있다. 어쩌면 당신은 가스라이터 부모에게서 그와 똑같은 말을 들었을지도 모른다. 우리는 어린 시절에 들었던 말을 그대로 되풀이하곤 한다. 세상 일이 전부 다 당신 뜻대로 풀려야 한다고 믿는 것 또한 가스라이팅의 한 부분이다. 그러나 실제 삶이 그렇게 되는 것은 불가능하다. 변증법적 행동 치료에서는 불의의 사건에 대처하는 방식으로 ACCEPT를 사용한다.

- **A-활동**Activities: 속상한 일들로부터 주의를 분산시키기 위해 몸을 움직이고 단순한 일들을 한다.
- **C-기여**Contribute: 자기중심적 행동을 멈추기 위해 다른 사람을 돕는다. 그렇게 주의를 분산시키고 시야를 넓힌다.
- **C-비교**Comparisons: 나보다 어려운 상황의 사람들과 나의 삶을 비교해본다. 내가 아닌 외부의 일에 집중하면 힘든 일을 견디는 데 도움이 된다. 감사 일기를 통해 당신이 감사하는 것들과 잘 풀리고 있는 일들을 기록하면 나쁜 일이 아닌 좋은 일에 집중할 수 있다.
- **E-감정**Emotions: 내가 느끼는 감정과 반대로 행동한다. 피로하다면, 활동량을 늘려라. 슬프다면, 재미있는 영화를 보아라. 그런 연습을 통해 인간의 감정이란 일시적인 것이고, 당신에게 그것들을 바꿀 힘이 있음을 알 수 있다. "마치 이미 이루어진 것처럼 행동하라"는 말을 들어보았을 것이다. 평온해질 때

까지 평온한 척하라.

- **P-밀어내기**Push Away : 내가 쓸모없다는 생각이 들 때, 세상을 변화시키는 유능한 나의 모습을 머릿속에 그려본다. 그런 식으로 지금 이 순간에 떠오르는 부정적인 감정을 밀어낸다.
- **T-생각들**Thoughts : 감정을 자극하지 않는 활동을 한다. 사고의 이성적인 측면에 집중한다. 감정에 호소하지 않는 영화를 본다. 당분간 드라마 〈스타 트렉〉의 스팍 반장이 되어라. 그에겐 감정은 없고 오직 이성뿐이다.

심리적 응급처치

당신이 혼란스러운 삶을 살아왔다면 자신을 어떻게 돌봐야 할지, 어떻게 하면 기분이 나아질지 방법을 찾기 힘들 것이다. 당신이 가스라이터 부모와 살았다면 자상한 보살핌을 받지 못했을 것이다. 그래서 스스로를 따뜻하고 친절하게 보살피는 방법을 모를 수 있다. 당신이 위기에 처했다면 더 힘들 것이다. 그렇다면 지금 당장 기분이 나아지기 위해 할 수 있는 일들에는 어떤 것들이 있을지 생각해보아라. 마음을 편안하게 만드는 일들의 목록을 작성해보아라. 그리고 그 목록을 욕실 거울이나 냉장고처럼 자주 보는 곳에 붙여놓아라. 스마트폰으로 그 목록의 사진을 찍어라. 언제든 볼 수 있도록.

그 목록에는 다음과 같은 것들이 포함될 수 있을 것이다.

- 산책
- 반려동물과 시간 보내기
- 목욕
- 명상
- 창작활동
- 일기 쓰기
- 요가
- 심호흡
- 당신을 격려해줄 만한 친구나 가족과의 통화
- 외출
- 간식 먹기
- 물 마시기

'끓어오를' 때 알아차리기

스트레스가 통제 밖으로 치닫기 시작하는 순간 알아차리는 것도 자신을 잘 돌보는 방법 중 하나다. 당신이 가스라이팅을 당했다면, 혹은 당신이 가스라이팅 행동을 하고 있다면, 감정을 조절하기가 쉽지 않을 수도 있다. 감정을 조절할 줄 아는 사람들은 자신이 흥분하기 시작할 때를 알고 스스로 진정할 줄 안다. 그들은 정서적으로 보다 안정되어 있고 감정 변화의 폭이 크지 않다. 당신이 흥분하기 시작할 때 당신의 몸은 어떤 느낌일까. 대체로 다음과 같은 증상이 나타난다.

- 축축한 손
- 가슴이 조이는 기분
- 몸이 후끈 달아오르는 느낌
- 빠른 심장박동
- 가쁜 호흡
- 모든 것이 비현실적인 느낌

이런 느낌이 있을 때 멈추고 심호흡을 하라. 횡격막 호흡으로도 불리는 심호흡은 폐활량을 전부 다 사용하는 호흡이다. 이 호흡은 폐 아래쪽에 있는 근육인 횡격막을 이용해야 한다. 횡격막 호흡을 제대로 하고 있다면 숨을 들이마실 때 복부가 팽창한다. 숨을 들이마시면서 다섯까지 세고, 숨을 내쉴 때 열까지 세어라. 횡격막 호흡을 하면 자율신경계의 부교감신경계에서 효력이 나타난다. 이를 통해 긴장이 풀리고 마음이 편안해질 수 있다. 스트레스나 불안감이 밀려올 때 이 호흡법을 시도해보아라.

스트레스를 감소시키는 또 한 가지 방법으로는 당신이 볼 수 있는 것 세 가지, 느낄 수 있는 것 세 가지, 들을 수 있는 것 세 가지를 말해보는 것이 있다. 그렇게 함으로써 주의가 분산되고 지금 여기에 머물 수 있다. 지금 여기, 현재의 순간에 머물 때, 평정을 유지하기가 더 쉽다.

4. 수용 전념 치료

우리가 살펴볼 세 번째 상담 치료법으로 수용 전념 치료가 있다. 수용 전념 치료에서는 감정을 밀어내거나 외면하는 대신 감정을 온전히 느낀다. '끈적거리는' 감정 혹은 불편한 감정을 피하고 싶은 것은 자연스러운 인간의 심리다. **그러나 감정은 피하려 할수록 자꾸만 되돌아오고, 때로는 독을 품고 되돌아온다.** 수용 전념 치료에서는 그 감정에서 빠져나와 놓아버리기 위해서 먼저 그 감정을 충분히 느껴야 한다고 본다.

수용 전념 치료에서는 감정을 충분히 표현할 것을 권한다. 먼저 자신을 관찰하고, 자신의 감정을 느끼고, 그 감정을 놓아버리는 세 가지 단계를 거친다. 그리고 자신에게 소중한 것이 무엇인지를 깨닫고 그 가치에 따라 행동하기 위한 방법을 구상한다. 수용 전념 치료의 주요 과정으로는 마음챙김, 인지적 확산, 가치 명료화, 수용, 그리고 전념이 있다.

마음챙김

마음챙김은 현재의 순간에 머무는 능력을 뜻하는 말이다. 마음챙김의 바탕에는 과거에 너무 몰입하다 보면 우울해질 가능성이 높고, 미래에 너무 몰입하다 보면 불안해지기 쉽다는 개념이 자리 잡고 있다. 현재에 집중하면 마음이 편안해진다.

인지적 확산

이것은 자신의 생각에 감정을 이입하는 것을 줄임으로써 생각의 부정적인 영향을 줄이는 것을 일컫는 용어다. 생각은 생각일 뿐, 그 생각이 당신이 어떤 사람이며 어떤 삶을 살아가는지를 대변하는 것은 아니라는 개념이다. 스치는 생각에 감정적으로 반응하지 않는 방법 중 하나는, 내가 그런 생각을 하고 있다는 것을 인식하는 것이다. 예를 들어, 내가 좋은 사람이 아니라는 생각이 든다고 치자. 그것을 스쳐가는 하나의 생각으로 여긴다면 그 생각은 영향력을 잃는다. 또 다른 방법으로는, 한심한 목소리로 부정적인 생각을 표현하는 것이다. 이런 식으로 생각을 '표면화'해볼 수도 있다. "내 마음이 또 걱정을 시작하는군." 생각을 자아의 밖으로 끌어내면 그 생각에 덜 매달리게 된다.

가치 명료화

가치관은 우리 삶에 의미를 부여하고 목적의식을 갖게 한다. 자신의 가치관이 무엇인지 모호하다면 당신의 장례식장에서 사람들이 당신에 대해 이야기해주었으면 하는 말을 글로 써보는 것도 좋다. "그는 자식들을 사랑했다. 그는 의리 있는 친구였다. 그는 일에 대한 열정이 있는 사람이었다"처럼. 자신의 가치관을 이해하는 또 한 가지 방법이 있다면 당신이 성취한 것을 아무도 모른다고 가정할 때, 당신에게 가장 소중한 것이 무엇인지 생각해 보는 것도 좋다.

수용

수용은 문자 그대로 수용하는 것이다. 행동을 취하기 위해 당신의 생각과 감정을 받아들이는 것이다. 수용의 기술로는 '연결고리 풀기'가 있는데, 어떤 생각이 떠올랐다고 해서 바로 그에 따른 행동을 취하지 않는 것이다. 이런 류의 생각이 당신 삶에 도움이 되었는지를 자문해볼 수도 있다. 그 생각이 당신이 되고자 하는 사람이 되는데 도움이 되었는가? 그 생각이 나의 발목을 잡고 있는가? 당신이 겪어온 힘든 일들을 글로 적거나, 일기를 써보는 것도 좋다. 머릿속에 떠오르는 것들을 종이에 옮겨 적어보면 감정을 처리하거나 해결하는 데 도움이 된다.

전념

자신의 가치관에 부합하는 장기 혹은 단기 목표 달성 계획을 세운다. 삶에서 이루고자 하는 목표들로부터 멀어질 때, 불안해 지거나 어딘가 어그러진 것 같은 느낌이 든다. 배우자와 화목하게 지내는 것이 가장 소중한 가치임을 깨닫게 되었다고 가정해보자. 그 목표를 달성하기 위해 당신이 할 수 있는 일은 무엇인가?

목표를 구체화하라. "아내가 행복하기를 바란다"는 포괄적인 목표보다 바로 다음 날 실천에 옮길 수 있는 구체적인 목표여야 한다. 예를 들면 '내일은 저녁 식사 전에 집에 들어가야지' 같은 것이다. 단기 목표는 일주일 안에 달성할 수 있는 목표다. '가족사진 촬영 일정을 잡아야겠어' 같은 것이 현실적인 목표가 될 수 있다. 중기 목표는 몇 달 내로 할 수 있는 일이다. '차고를 청소하고 해야 할 집안일들을 끝낸다'가 여기 해당된다. 장기 목표는 향후 몇 년 내로 달성할 수 있는 것이다. '3년 내로 부채를 전부 다 상환할 거야'가 여기 해당된다.

해결 중심 치료

해결 중심 치료는 문제의 해결책을 찾는 것에 집중하는 것이다. 이 치료는 과거보다는 현재와 미래에 중점을 둔다. 과거 경험이나 여기까지 오게 된 경위를 그리 많이 살펴보진 않는다. 어떻게 하면 보다 나은 내일을 설계할 수 있는지에 집중한다.

마법의 질문

해결 중심의 정신 건강 전문가라면 당신에게 이렇게 물을 것이다. "모든 일이 당신 계획대로 된다면 어떤 모습일까요?", "만약 내일 아침 일어났는데 모든 상황이 당신이 바라던 대로 바뀌었다고 가정해보세요. 그걸 가장 먼저 알아차릴 사람이 누구일까요?" 정신 건강 전문가는 당신의 목표, 당신이 삶에서 이루고 싶은 것을 바라본다. 그리고 그 목표에 도달하기 위한 계단을 설계하도록 돕는다. 어쩌면 당신은 지금껏 한 번도 그런 질문을 받아본 적이 없을지도 모른다. 당신이 생각하는 최고의 삶을 생각해보는 것은 그 자체만으로도 당신을 자유롭게 하고 치유한다.

한 가지만 바꿔라

해결 중심의 치료는 당신의 삶에서 긍정적인 변화를 일으키기 위해 모든 행동을 다 바꿀 필요는 없다는 것을 전제로 한다. 한 가지만 바꾸어도 삶의 모든 것이 바뀔 수 있다. 예를 들면, 배우자가 집안일을 해줄 때마다 고맙다고 말해보자. 시간이 흐를수록 당신과 배우자의 관계는 더 좋아질 것이다. 집안일을 해달라고 부탁할 필요조차 없어질 것이다. 한 가지 변화가 관계의 역학을 완전히 바꾼다.

자신을 신뢰하라

당신이 이 책을 읽고 있다는 것은 당신이 주도적으로 삶의 변화를 이루고자 하는 사람임을 뜻한다. 그것은 대단한 일이고, 당신에게 엄청난 저력이 있음을 보여주는 것이다. 가스라이터들은 희생자들을 정신적으로 두들겨 패는 사람들이다. 그 결과 당신은 스스로 매우 가혹하거나, 당신의 잘못이 아닌 일조차도 자책하고 있을지도 모른다. 해결 중심 치료에서 정신 건강 전문가는 당신이 걸어온 모든 성취를 되짚어보도록 돕는다. 당신이 미처 알아차리지 못했던 것들까지도. 우리가 일구어낸 발전을 누군가 알아주는 것은 중요하다. 스스로 '정체'되어 있다고 느껴질 때일수록 더더욱 그렇다. 비록 1센티미터 앞으로 나아간 것일지라도, 당신은 노력했고 또 성공한 것이다.

잘 풀리고 있는 일은 무엇인가?

해결 중심 치료에서는 당신의 삶에서 잘 풀리고 있는 일이 무엇인지, 당신이 가스라이팅을 겪을 때 거기서 그나마 위안을 주었던 일은 무엇인지 물을 것이다. 운동할 때 정신이 맑아지고 불안이 잦아들 수도 있다. 취미생활을 즐길 때 일시적으로나마 당신이 겪은 고통을 잊거나 머릿속 가스라이터의 목소리가 들리지 않을 수도 있다. 해결 중심 치료를 통해 삶의 좋은 측면을 돌아보고 좋은 일들과 좋은 사람들을 늘릴 수 있다.

약물 치료

정신 건강 전문가는 불안과 우울증상을 완화시키기 위해 약을 처방할 수도 있다. 가스라이터를 상대하다 보면 불안과 우울 증상은 흔하게 나타난다. 때로는 당신의 현실 감각을 의심받아서, 혹은 수면 부족으로 당신의 사고가 혼탁해질 수도 있다. 몹시 지친 상태라면 상담에 집중하기가 어려울 수도 있다. 상담을 받으러 갈 에너지조차 끌어내기 힘들 수도 있다. 항우울제는 머릿속을 덜 흐릿하게 해주고 잠을 잘 수 있게 돕는다. 수면 부족은 정신과 육체에 심각한 피해를 입힌다. 하룻밤 푹 자는 것만으로도 불안과 긴장이 완화될 수 있다.

명상

가스라이팅 경험들, 생각들, 행동들을 치료하는 데 있어 명상은 또 하나의 강력한 도구다. 명상은 타인과 나 자신에 대한 긍정적인 느낌을 고취하는 것으로 확인되었다. 명상은 호흡에 집중하는 것이다. 명상의 가장 기본적인 목표는 머릿속을 완전히 비우는 것이 아니라 **생각들과 함께 고요한 시간을 보내는 것이다.** 오랜 세월 명상을 해온 사람들에게조차 결코 쉬운 일은 아니다. 오직 숨을 들이마시고 내쉬는 자신을 알아차리는 것을 목표로 하라.

마음챙김 명상

마음챙김 명상은 최근에 인기를 끌고 있는 명상의 한 방식이다. 마음챙김은 변증법적 행동 치료와 수용 전념 치료 모두에서 채택하고 있다. 다양한 형태의 '집중' 명상에서처럼 마음챙김 명상은 주로 앉거나 누워서 한다. 마음챙김 명상에서는 주의를 분산시키는 것들을 오히려 환영한다. 주의가 분산되거나 어떤 생각이 튀어 오르면 그 생각을 알아차리고 지나가게 한다. 그것이 중요한 생각이라면 다시 그 생각을 꺼내야 하는 상황이 될 때까지 잠시 뒤로 물러나 있을 것이다.

마음챙김 식사

어쩌면 당신은 화가 날 때 더 많이 먹는 사람일 수도 있다. 음식을 크게 한 입 베어 물고 맛도 보지 않고 삼키는 사람일 수도 있다. 먹는 동안은 잠시 주의가 분산되기 때문이다. 주의가 분산되면 문제나 감정을 직시하지 않아도 되지만, 그 문제는 다른 형태로 나타난다. 이를 테면, 폭식의 형태로. 마음챙김 식사는 그런 당신에게 특별히 도움이 된다. 마음챙김 식사는 음식에만 집중하는 것이다. 텔레비전을 보거나 휴대전화를 만지거나 무언가를 읽지 않는다. 음식을 최소한 열 번 이상 잘 씹고 냄새, 맛, 질감 등 모든 감각에 집중한다.

작은 접시에 담아서 먹어보는 것도 좋다. 우리의 뇌는 속이기가 쉽다. 작은 접시에 담아서 음식을 먹으면 커다란 접시에 담긴 음식을 다 먹은 것과 비슷한 기분이 든다. 음식에만 집중하다 보면 별로 좋아하지도 않는 음식을 먹고 있음을 깨닫게 될 수도 있다. 먹는 음식에 집중했을 뿐인데, 보다 건강한 단백질과 신선한 과일과 채소를 먹기 시작하는 사람들도 많다.

마음챙김 요리도 시도해볼 만하다. 그동안 깜빡해서 혹은 시간이 없어서 식료품을 사러 마트에 가지 않거나 음식을 직접 만들지 못했을 수도 있다. 직접 만들면 음식을 더 많이 즐길 수 있을 뿐 아니라 덜 먹고도 포만감을 느낄 수 있다. 설거지조차도 마음챙김 명상의 시간으로 바꾸어볼 수 있다.

마음챙김 걷기

틱낫한 스님은 자신의 저서 《모든 발걸음마다 평화》를 통해 마음챙김 걷기에 대해 설명하고 있다. 평상시보다 느리게 걷는다. 걸음을 걸을 때 발에 닿는 땅의 감촉과 얼굴에 닿는 햇볕과 바람의 느낌에 집중하라. 그러다가 보기 좋은 것, 예를 들면 한 그루의 나무가 보이면 멈추어 서서 관찰하라. 다른 발을 내디딜 때 다시 처음부터 집중하라. 유난히 활동적이고 바삐 움직이는 두뇌를 가진 사람들에게 훌륭한 처방이다.

전부 다 해보았는데도 잘 안 된다면?

가스라이터 혹은 가스라이팅 행동으로 인한 상처가 너무 커서 옴짝달싹도 못 하는 상황에 처한 것 같고 상황이 조금도 나아지지 않을 것 같은 기분이 들 수도 있다. **상황이 나아지기까지는 시간이 걸린다는 사실을 기억하는 게 중요하다.** '전부 아니면 아무 것도 아닌'의 사고방식 때문에 치료효과가 당장 나타나지 않는다고 더 이상은 할 수 있는 일이 없다는 생각이 들 수도 있다. 절대 그렇지 않다.

나아지는 기미가 전혀 없는 것 같다면 다음의 질문을 던져보기 바란다.

- 나는 나아지기 위해 정말 최선을 다했는가? 때로 사람들은 과거의 경험이 주는 부차적 이득 때문에 과거의 행동을 고수하기도 한다. 친구와 가족들 사이에서 소란을 피우면 주목을 받을 수 있다. 다른 사람을 조종하면 권력을 지닌 것 같은 기분이 든다.
- 긍정적인 자세로 치료에 임했는가? 조사에 의하면 긍정적인 기대를 갖고 치료에 임했을 때 결과가 좋을 확률이 더 높다.

특정한 상담 치료가 모두에게 좋을 수는 없다. 친구에게 좋았던 치료라고 해서 당신에게도 효과가 있는 것은 아니다. 그것은 짜증스러운 일일 수도 있다. 그러나 당신에게 맞는 치료를 찾는다면, 상황은 반드시 나아질 것이다.

이 모든 과정은 충분히 가치 있다

이렇게 해서 당신은 가스라이팅의 미로를 뚫고 나왔다. 축하한다! 당신의 삶을 몹시 힘들게 하는 사람들(심지어 그것이 당신 자신이라고 해도)을 어떻게 다루어야 하는지에 관한 많은 정보를 얻었기를 바란다.

가스라이팅에서 벗어나는 최선의 방법은 가스라이터와의 접촉을 제한하거나 관계를 끊는 것이다. 물론 그렇게 할 수 없는 상황도 있다. 가스라이터로부터 벗어날 수 없는 상황이라면 건강한 경계를 설정하고, 도움을 청하고, 정신 건강 전문가 혹은 법률 전문가의 상담을 받아라. 가스라이터와 함께 일하거나 가스라이터를 위해 일했다면 괴롭힘을 당했을 때 당신을 보호해줄 법이 있다는 것을 기억하라.

가스라이터는 엄청난 권력을 행사할 수 있다. 가족 안에서뿐 아니라 국가적 혹은 국제적 차원에서도. 이제 여러분은 가스라이터가 순식간에 독재자 혹은 종교 지도자가 될 수 있다는 것을, 무엇이 진실이고 무엇이 거짓인지 분간할 수 없게 만들 수 있다는 것을 알았다. 주체적으로 사고하는 국민이야말로 가스라이터 지도자들의 골칫거리다. 따라서 현재 일어나고 있는 사건들과 가스라이팅에 대해 최대한 많이 알아야 한다. 가스라이팅은 언론을 통해서도 이루어진다. 뉴스가 오염되었거나 진실을 호도한다는 생각이 들면, 당신에겐 의식 있는 시민으로서 자신의 의견을 표현할 권리가 있다. 선거에서도 당신의 목소리를 내어라.

언제나 희망은 있다. 당신을 괴롭혔던 가스라이팅이 아무리 끔찍했다 해도, 주어진 삶의 조건들을 개선하기 위해 당신이 할 수 있는 일들은 언제나 있다. 긍정적인 변화를 이루는 것이, 가스라이터로부터 벗어나고, 경계를 설정하고, 목소리를 내는 것이, 처음엔 쉽지 않을 수도 있다. 그러나 그로 인해 나의 마음이 더 편안해질 수 있다면, 내 아이들이 더 행복해질 수 있다면, 내가 더 건강해질 수 있다면, 그것은 충분히 가치 있는 일이다.

닫힌 방문을 열며

이 책을 번역하게 된 동기는 지극히 사사로웠다. 수년 전 '가스라이팅'이라는 단어를 우연한 자리에서 처음 접한 나는 타인의 삶을 완전히 파멸시키는 심리적 지배라는 개념에 완전히 매혹되었다. '가스라이팅'이라는 단어를 통해 그동안 내가 겪거나 보아왔던 황당하고도 어이 없는 인간관계의 비극을 비로소 이해할 수 있었기 때문이었다. 이 단어를 알리고 싶었다. 누구보다도 나의 딸과 딸의 친구들에게.

그래서 나의 사사로운 동기를 수오서재 출판사 황은희 편집자에게 털어놓았다. 그는 나의 사심에 그 자신의 사심을 보탠 다음, 고맙게도 어떤 사명감 같은 것을 더해주었다. 우리는 이 단어를 알려야 했다. 그리고 그것은 우리가 가장 잘할 수 있는 방식이어야 했다.

편집자와 나는 '제대로 된' 가스라이팅 책을 찾기 시작했다. 우리는 여러 권의 책을 검토했고, 이 분야에서 오랜 경험을 쌓은 사키스 박사의 책이 가스라이터의 초상을 가장 적나라하고 현실감 있는 언어로 그려내고 있다고 판단했다. 이렇게 단정적으로 말해도 되나 싶을 정도로 일말의 주저 없이 단호하고 명료한 그의 목소리가 인상적이었다. 이런 사연으로 현란하고 아름다운 문장의 기괴하고 독특한 이야기를 즐겨 번역하던 내가 생뚱맞게도 정보의 전달이 목적인 비소설을 발굴 번역하게 된 것이다.

그러던 중 가스라이팅이 포털사이트의 인기 검색어로 등장하기 시작했다. 그렇게 되기까지의 과정은 결코 좋은 소식일 리 없었지만 덕분에 많은 사람들이 가스라이팅이라는 단어를 익숙하게 받아들이기 시작했다.

'가스라이팅'이란 단어가 존재하기 이전에도 가스라이팅은 존재했을 것이다. 우울증이라는 단어가 생기기 전부터 우울증이 존재했던 것처럼. 가스라이팅의 어원인 〈가스등〉이라는 영화는 1944년도에 만들어졌고, 당시에는 가스라이팅이라는 용어가 없었지만 감독은 타인에 대한 심리적 지배의 개념을 인식하고 그것을 소재로 영화를 만들었다. 공교롭게도 같은 해에 사르트르는 자신의 두 번째 희곡 〈닫힌 방〉에서 타인의 시선에 갇히게 되는 인간의 불행을 그리면서 '타인은 지옥이다'라는 유명한 말을 남겼다. 주체성을 상실한 인간이 느끼는 고통에 대한 천착이 나에게는 가스라이팅 개념에 대한 성찰과 그리 멀지 않아 보인다.

어찌 가스라이팅뿐이겠는가. 한 인간이 다른 인간의 삶을 피폐하게 만들 수 있는 방법은 다채롭고도 무한하다. 인간은 타인에게 그 어떤 절대자도 줄 수 없는 천국을 선물하기도 하고 그 어떤 악마도 줄 수 없는 지옥의 문을 열어주기도 한다. 내가 내 삶의 주인일 수 없고 타인의 시선에 갇혀 있다면, 그것이 곧 지옥이다. 그러나 내가 타인의 행복을 위해 존재하지 않는 것처럼, 타인 역시 나의 행복을 위해 존재하지 않는다. 결국 인간은 스스로의 힘으로 행복해져야만 한다. 스스로 방문을 열고 나와야 한다. 방문은 닫혀 있을 뿐, 잠겨 있진 않으므로.

몰랐던 단어 하나를 깊이 이해한다고 해서 삶의 모든 덫을 피해 갈 수는 없을 것이다. 그러나 우리가 사는 세상에 이런 덫이 존재함을 인지하는 것은 중요하다. 더구나 그 덫이 일생일대의 사랑의 모습으로도 나타날 수 있다면, 이 분야의 전문가가 오직 관계를 끊고 돌아서는 것만이 답이라고 이토록 자신 있게 말한다면, 한번은 짚어보고 갈 일이다.

한 권의 책이 나오기까지의 우연과 마법을 믿어준 수오서재 황은희 편집자에게 감사드린다. 그는 늘 우연을 필연으로 만든다.

이진

참고문헌

"Alexander Litvenenko: Profile of Murdered Russian Spy." 2016. BBC News, January 21. Accessed February 20, 2018. http://www.bbc.com/news/uk-19647226.

American Psychiatric Association. 2013. Diagnostic and Statistical Manual of Mental Disorders (DSM-5). American Psychiatric Publishing.

Bernstein, D. 2017. "Blago: His Life in Prison." Chicago, September. http://www.chicagomag.com/Chicago-Magazine/October-2017/Blago-His-Life-in-Prison/.

Boeckel, M. G., A. Wagner, and R. Grassi-Oliveira. 2017. "The Effects of Intimate Partner Violence Exposure on the Maternal Bond and PTSD Symptoms of Children." Journal of Interpersonal Violence 32 (7): 1127–142.

Boyle, R. 2015. "Employing Trafficking Laws to Capture Elusive Leaders of Destructive Cults." Oregon Review of International Law 17 (2), St. John's Legal Studies Research Paper No. 15-0030. https://papers.ssrn.com/sol3/papers.cfm?abstract_id=2690453.

Byers, P. 2017. "Facebook estimating 126 million people were served content from Russia-linked pages." CNN Media, October 31.

Center for Responsive Politics. 2017. National Rifle Association. https://www.opensecrets.org/orgs/summary.php?id=d000000082.

Cialdini, R. 2009. Influence: Science and Practice. 5th ed. Boston: Allyn and Bacon.

Cloud, D. S. 2017. "Lawmakers Slam Social Media Giants for Failing to Block Russian Ads and Posts During 2016 Campaign." Los Angeles Times, November 1. http://www.latimes.com/nation/la-na-social-media-russia-20171101-story.html.

Donatone, B. "The Coraline Effect: The Misdiagnosis of Personality Disorders in College Students Who Grew Up with a Personality Disordered Parent." Journal of College Student Psychotherapy 30, no. 3 (2016): 187–96.

Ellison, S. 2017. "Everybody Knew: Inside the Fall of Today's Matt Lauer." Vanity Fair, November 29. Accessed January 21, 2018. https://www.vanityfair.com/news/2017/11/inside-the-fall-of-todays-matt-lauer.

Ellman, M. 2002. "Soviet Repression Statistics: Some comments" Europe-Asia Studies 54(7): 1151–172.

Fisher, M. 2013. "Kim Jong Un Just Had His Own Uncle Killed. Why?" Washington Post. December 12. Accessed April 13, 2018. https://www.washingtonpost.com/news/worldviews/wp/2013/12/12/kim-jong-un-just-had-his-own-uncle-killed-why/?noredirect=on&utm_term=.a136e244dd9c.

Goffard, C. 2017. "Dirty John." Audio blog post, September 11 – ctober 8. https://itunes.apple.com/us/podcast/dirty-john/id1272970334?mt=2.

Gregory, S., R. J. Blair, A. Simmons, V. Kumari, S. Hodgins, and N. Blackwood. 2015. "Punishment and Psychopathy: A Case-Control Functional MRI Investigation of Reinforcement Learning in Violent Antisocial

Personality Disordered Men." Lancet Psychiatry 2 (2): 153 – 60.

Hahn, T. N. 1992. Peace Is Every Step. New York: Bantam.

Harris, K. J., E. Gringart, and D. Drake. 2017. "Leaving Ideological Groups Behind: A Model of Disengagement." Behavioral Sciences of Terrorism and Political Aggression, 1 – 9.

Hayes, C. 2017. "Venezuelan President Eats Empanada on Live TV While Addressing Starving Nation." Newsweek, November 3. Accessed February 20, 2018. http://www.newsweek.com/venezuelan-president-eats-empanada-live-tv-while-addressing-starving-nation-701050.

International Labour Organization. 2012. "New ILO Global Estimate of Forced Labour: 20.9 million victims." June 1. http://www.ilo.org/global/about-the-ilo/newsroom/news/WCMS_182109/lang-en/index.htm.

Isaac, M., and S. Shane. 2017. "Facebook to Deliver 3,000 Russia-Linked Ads to Congress on Monday." New York Times, October 1. https://nyti.ms/2yChMiJ.

Jaffe, P., M. Campbell, K. Reif, J. Fairbairn, and R. David. 2017. "Children Killed in the Context of Domestic Violence: International Perspectives from Death Review Committees." Pp. 317 – 43 in Domestic Homicides and Death Reviews. London: Palgrave Macmillan.

Jowett, G. S., and V. O'Donnell. 2018. Propaganda & Persuasion. 7th ed. New York: Sage Publications.

Kennedy, M. 2017. "NPR's Head of News Resigns Following Harassment Allegations." NPR, November 1. http://www.npr.org/sections/thetwo-way/2017/11/01/561363158/nprs-head-of-news-resigns-following-harassment-allegations.

Kessler, G. 2018. "Fact-checking President Trump's 'Fake News Awards.'"

Washington Post, January 17. Accessed January 16, 2018. https://www.washingtonpost.com/news/fact-checker/wp/2018/01/17/fact-checking-president-trumps-fake-news-awards/?utm_term=.5481bb-d6a6d5.

Knopp, K., S. Scott, L. Ritchie, G. K. Rhoades, H. J. Markman, and S. M. Stanley. 2017. "Once a Cheater, Always a Cheater? Serial Infidelity Across Subsequent Relationships." Archives of Sexual Behavior 46 (8): 2301–311.

Kraus, A. 2016. "Parental Alienation: The Case for Parentification and Mental Health." PhD diss., Colorado State University.

Kubler-Ross, E., and D. Kessler. 2014. On Grief and Grieving: Finding the Meaning of Grief Through the Five Stages of Loss. New York: Simon and Schuster. Kurtzleben, D. 2018. "Chart: How Have Your Members of Congress Voted on Gun Bills?" NPR. February 19, 2018. Accessed April 8, 2018. https://www.npr.org/2018/02/19/566731477/chart-how-have-your-members-of-congress-voted-on-gun-bills.

Lisi, B. 2017. "Venezuelan President Maduro Sneaks Bite of Empanada Tucked into Desk Drawer During State Broadcast." New York Daily News, November 2. http://www.nydailynews.com/news/world/president-maduro-sneaks-bite-empanada-state-broadcast-article-1.3607158.

Madrigal, A. C. 2018. "'Most' People on Facebook May Have Had Their Accounts Scraped." Atlantic, April 4, 2018. Accessed April 4, 2018. https://www.theatlantic.com/technology/archive/2018/04/most-people-on-facebook-may-have-had-their-accounts-scraped/557285/.

Matthews, C. H., and C. F. Salazar. 2014. "Second-Generation Adult Former Cult Group Members' Recovery Experiences: Implications for Counseling." International Journal for the Advancement of Counselling 36(2):

188 – 03.

McDonald, S. E., E. A. Collins, A. Maternick, N. Nicotera, S. Graham-Bermann, F. R. Ascione, and J. H. Williams. 2017. "Intimate Partner Violence Survivors' Reports of Their Children's Exposure to Companion Animal Maltreatment: A Qualitative Study." Journal of Interpersonal Violence, 0886260516689775.

Merriam-Webster. 2018. "Propaganda." Accessed January 18, 2018. https://www.merriam-webster.com/dictionary/propaganda.

National Coalition Against Domestic Violence. 2017. Accessed December 27, 2017. http://www.ncadv.org.

National Sexual Violence Resource Center. 2012, 2013, 2015. "Statistics About Sexual Violence." Accessed February 26, 2018. https://www.nsvrc.org/sites/default/files/publications_nsvrc_factsheet_media-packet_statistics-about-sexual-violence_0.pdf

Oxford University Press. 2017. "Frenemy." Oxford English Dictionary Online. http://www.oed.com.Patrick, W. 2017. "The Dangerous First Date." Psychology Today, December, 44 – 5.

Popken, B. 2017. "Russian Troll Tweets Duped Global Media and 40+ Celebrities." NBCNews.com, November 4. https://www.nbcnews.com/tech/social-media/trump-other-politicians-celebs-shared-boosted-russian-troll-tweets-n817036.

Radcliffe, J. "Rasputin and the Fragmentation of Imperial Russia." 2017. Young Historian's Conference, Portland State University. Accessed April 13, 2018. Available at https://pdxscholar.library.pdx.edu.

Radtke, M. 2017. "When War Is Bad Advice: Dictators, Ministerial Cronyism, and International Conflict." Accessed April 13, 2018. http://www.people.fas.harvard.edu/~jkertzer/HISC2017/schedule/papers/Radtke.pdf.

RGJ Archives. "Full Text of Marianne Theresa Johnson-Reddick's Obituary."

2013. Reno Gazette-Journal, September 10. Republished June 2014.

Romm, T. and K. Wagner. 2017. "Facebook Says 126 Million People in the U.S. May Have Seen Posts Produced by Russian-Government-Backed Agents." Recode, October 30. https://www.recode.net/2017/10/30/16571598/read-full-testimony-facebook-twitter-google-congress-russia-election-fake-news.

Ryall, J. 2017. "Did Kim Jong-un Kill His Uncle and Brother Over 'Coup Plot Involving China'" Telegraph. August 24. Accessed April 13, 2018. https://www.telegraph.co.uk/news/2017/08/24/did-kim-jong-un-kill-uncle-brother-coup-plot-involving-china/.

Sarkis, S. 2017. "11 Warning Signs of Gaslighting." Here, There, and Everywhere (blog). PsychologyToday.com, September 28. Accessed February 28, 2018. https://www.psychologytoday.com/blog/here-there-and-everywhere/201701/11-warning-signs-gaslighting.

Setoodeh, R., and E. Wagmeister 2017. "Matt Lauer Accused of Sexual Harassment by Multiple Women." Variety. November 29. Accessed January 21, 2018. http://variety.com/2017/biz/news/matt-lauer-accused-sexual-harassment-multiple-women-1202625959/.

Slavtcheva-Petkova, V. 2017. "Fighting Putin and the Kremlin's Grip in Neo-authoritarian Russia: The Experience of Liberal Journalists." Journalism, 1464884917708061.

Swanson, J. W., N. A. Sampson, M. V. Petukhova, A. M. Zaslavsky, P. S. Appelbaum, M. S. Swartz, and R. C. Kessler. 2015. "Guns, Impulsive Angry Behavior, and Mental Disorders: Results from the National Comorbidity Survey Replication (NCS-R)." Behavioral Sciences & the Law 33, no. 2-3: 199-12.

Treisman, D. 2017. Democracy by Mistake. (No. w23944). National Bureau of Economic Research.

US Equal Employment Opportunity Commission. 2017. "Sexual Harassment." https://www.eeoc.gov/laws/types/sexual_harassment.cfm.

Wakabayashi, D., and S. Shane. 2017. "Twitter, with Accounts Linked to Russia, to Face Congress over Role in Election." New York Times online, September 27. https://www.nytimes.com/2017/09/27/technology/twitter-russia-election.html.

Warshak, R. A. 2015. "Poisoning Parent-Child Relationships Through the Manipulation of Names." American Journal of Family Therapy 43, no. 1: 4–5.

"In 355 Days, President Trump Has Made 2,001 False or Misleading Claims." 2018. Washington Post, January 9. Accessed January 16, 2018. https://www.washingtonpost.com/graphics/politics/trump-claims-database/?tid=a_mcntx&utm_term=.9ed699034256.

Williams, A. 2017. "Have Your Representatives in Congress Received Donations from the NRA?" Washington Post online, October 5. https://www.washingtonpost.com/graphics/national/nra-donations/?utm_term=.5dcce8688a7d.

Wuest, J., and M. Merritt-Gray. 2016. "Beyond Survival: Reclaiming Self After Leaving an Abusive Male Partner." Canadian Journal of Nursing Research Archive 32 (4).

Yagoda, B. 2017. "How Old Is 'Gaslighting'" Chronicle of Higher Education, January 12. Accessed January 12, 2018. https://www.chronicle.com/blogs/linguafranca/2017/01/12/how-old-is-gaslight/.

가스라이팅

1판 1쇄 발행 2021년 10월 14일
1판 6쇄 발행 2023년 11월 24일

지은이	스테파니 몰턴 사키스
옮긴이	이진
발행처	수오서재
발행인	황은희, 장건태
책임편집	황은희
편집	최민화, 마선영, 박세연
마케팅	장건태, 황혜란, 안혜인
디자인	피포엘
제작	제이오
주소	경기도 파주시 돌곶이길 170-2 (10883)
등록	2018년 10월 4일(제406-2018-000114호)
전화	031)955-9790
팩스	031)946-9796
전자우편	info@suobooks.com
홈페이지	www.suobooks.com
ISBN	979-11-90382-49-6 03180 책값은 뒤표지에 있습니다.

도서출판 수오서재守吾書齋는 내 마음의 중심을 지키는 책을 펴냅니다.